U0964394

华为工作法

任正非的工作哲学

李桥林 编著

HUAWEI
WORKING METHOD

古吴轩出版社
中国·苏州

图书在版编目（CIP）数据

华为工作法 ：任正非的工作哲学 / 李桥林编著. -- 苏州 ：古吴轩出版社，2019.12
ISBN 978-7-5546-1512-6

Ⅰ. ①华… Ⅱ. ①李… Ⅲ. ①通信企业－企业管理－经验－深圳 Ⅳ. ①F632.765.3

中国版本图书馆CIP数据核字（2020）第002754号

责任编辑：蒋丽华
见习编辑：闫毓燕
策　　划：刘景谷　朱雪强
装帧设计：尧丽设计

书　　名：华为工作法：任正非的工作哲学
编 著 者：李桥林
出版发行：古吴轩出版社
地址：苏州市十梓街458号　　邮编：215006
电话：0512-65233679　　传真：0512-65220750
出 版 人：尹剑峰
印　　刷：天宇万达印刷有限公司
开　　本：670×950　1/16
印　　张：14
版　　次：2019年12月第1版　第1次印刷
书　　号：ISBN 978-7-5546-1512-6
定　　价：55.00元

如有印装质量问题，请与印刷厂联系。0318-5302229

前言

PREFACE

华为是世界500强企业之一，是中国民营企业的骄傲，是通信行业的排头兵。

在短短30多年的时间里，华为以近乎腾飞的姿态迅猛发展，成为世界通信行业中冉冉升起的一颗明星。几乎没人想到，华为能以这样的速度迅速占领世界市场。以至于爱立信公司的一名经理都感慨道："我们都没注意到华为的发展过程，实际上，他们每天都在往前多赶一步，结果短短几年之内，华为人突然就以巨人的姿态站在了我们面前，这样的表现简直让人感到惶恐。"

那么，华为崛起的秘密何在？他们那令人惶恐的发展速度又是如何达到的？这些谜团萦绕在很多人的心头，想要解答却找不到答案。

其实答案很简单，那就是高效工作。高效是华为人的典型特质之一，也是任正非对所有华为人最基本的要求。任正非在30多年的创业生涯中总结了许多管理经验和工作哲学，它们的存在让华为员工拥有了正确的工作导向，也对员工起到了一定的约束作用。

在华为公司，先进的管理体系加上独具企业特色的工作哲学，让每一名员工都能迅速融入公司，展开自己的工作。对于很多企业家来说，华为公司的运营模式是令他们羡慕的，他们也希望拥有华为公司那样的员工，而很多职场人士也希望能像华为员工一样高效地工作。那么，华为员工究竟是怎样工作的？他们是如何提升工作效率的？

本书立足于华为公司的实际情况，从华为公司的目标管理、艰苦奋斗、工匠精神、服务导向、团队文化、时间规划、沟通思维、流程建设、高效执行、创新理念、弥补“短板”、惶者生存12种工作哲学入手，带你认识不一样的华为，了解华为人的高效工作法。

李桥林

2019年12月31日 于深圳

目录
CONTENTS

第一章

目标管理：先瞄准目标，再“开枪”

第二章

艰苦奋斗：为客户创造价值才是奋斗

第三章

工匠精神：专注做好眼前的一件事

第四章

服务导向：关注客户利益最大化

第五章

团队文化：胜则举杯相庆，败则拼死相救

第六章

时间规划：以结果为导向，控制自己的时钟

第七章

沟通思维：思想碰撞衍生解决方案

第八章

流程建设：按标准流程工作，减少无效劳动

第九章

高效执行：没有执行力，一切都是空谈

第十章

创新理念：只推动有价值的创新

第十一章

弥补“短板”：每天都在进步，就是最大的成功

第十二章

惶者生存：有危机感才能更好地生存

第一章

目标管理：先瞄准目标，再“开枪”

- “5W1H”法：目标应该明确而具体
- 量化工作目标，清晰可见地去实现
- 试着“跳起来摘桃”，目标不能脱离实际
- 排列、分解目标，紧要的工作先做完

“5W1H”法：目标应该明确而具体

任正非

瞄准业界最佳，以远大的目标规划产品的战略发展，立足现实，孜孜不倦地追求，一点一滴地实现。

在华为人的工作准则中，工作目标的明确性占据着非常重要的位置。他们深知，只有对目标做到心中有数，才能确保工作顺利地展开。对他们而言，明确而具体的目标是展开工作的前提条件。只有先考虑清楚怎么去做，才能从诸多的工作方法中选定一种最便捷、最高效的方法。在华为，“5W1H”法是一种非常受欢迎的确定目标的方法。

所谓“5W1H”，就是在选定项目、工序或操作之后，从对象（What）、地点（Where）、时间（When）、人员（Who）、原因（Why）、方法（How）六个方面提出问题，进而通过思考来寻找解决问题的最佳方案。

通常来说，“5W1H”法可以用列表的方式来呈现，这样做会更加直观和具象。

	现状	缘由	能否改善	如何改善
What	公司生产什么产品?	为什么生产这些产品?	能不能生产其他产品?	应该怎样生产其他产品?
Where	生产产品的地点在哪里?	为什么要在这个地点生产产品?	能不能换个地方生产产品?	应该在哪里生产产品?
When	零件或产品是什么时候做的?	为什么要在这个时间做?	能不能换到其他时间做?	应该在什么时候做?
Who	这项工作是谁做的?	为什么要让他做这项工作?	能不能换成别人来做?	应该换一个什么样的人来做?
Why	改进这项工作有什么目的?	为什么要现在进行改进?	还有没有其他改进的可能?	应该怎样进行改进?
How	现在用什么方式工作?	为什么采取这样的方式工作?	有没有其他的工作方式?	应该采取怎样的工作方式?

一般情况下，目标内容可以是笼统的，如“我下个星期要完成这项工作”；也可以是明确的，如“我下个星期二必须完成这项工作”。乍一看，两者相差不过几天而已，但是对目标管理来说，明确的目标更容易提高工作效率。

在目标设置理论中，就有这样一种观点：明确而具体的目标，有助于提高绩效。这是因为明确的目标让人更有方向感，也更清楚地知道需要付出多大的努力才能达成自己的目标。有了具体的目标，便能对工作的整体进程有所把控。一旦如此，人便会在无形中给自己施压，逼迫自己把更多的精力投入工作之中，以求在限定的日期内实现目标。而一个没有具体工作目标的人，就不知道应该怎样做，不知道如何将自己的努力化成有效的行动和最终的成果。

另外，人往往具有了解自己行为的认知倾向。对行为目的和结果了解得越多，人的盲目性行为就越少，自我控制的水平也就越高。从这个角度来说，明确的目标会对人产生激励作用，让人在工作中减少无谓的精力浪费，降低了因不确定性而产生的各种成本。

戈特霍尔德·莱辛曾说："一个目标始终明确的人，即使走得再慢，也会比另一个毫无目标却跑得飞快的人更早到达终点。"可以说，做好目标管理是高效、优质地完成工作的前提之一。只有找到一个明确而具体的目标，才会给人带来强烈的方向感和压迫感，促使人更加高效地工作，更快、更好地实现工作目标。

量化工作目标，清晰可见地去实现

任正非

在管理上，我不是一个激进主义者，而是一个改良主义者，主张不断地管理进步，一小步一小步地改进，一小步一小步地进步。

管理学大师彼得·德鲁克说过“管理就是要可衡量”这样一句经典名言，至于怎样做到可衡量，他的观点是“能量化的尽量量化”。哈佛教授罗伯特也有与之相近的观点：“不能衡量，就不能管理。”

确实，任何一个目标都应该有可衡量的标准，越是可衡量，目标就越清晰和明确，就越能为工作提供相应的引导和建议，工作效率自然也会越高。比如，我们想画一幅画，首先要确定画什么内容，其次要决定画多大尺寸，接着要确定用什么颜料，然后确定用什么绘画手法，等等。

在目标管理上，同样需要将目标量化，这样才能更加准确地掌控和实现目标。华为人将目标量化的时候，通常会从以下三个方面进行考量。

1. 数量

即产量、次数、频率等。如产品的产量、预估的销售额等。

2. 质量

即客户满意度、产品合格率等。如满意度或合格率达到多少才算完成任务等。

3. 时量

即天数、周期、时间等。如完成工作需要多少天、多长时间才能回款等。

制定明确而具体的目标，目的是让自己知道应该做些什么；而将目标量化，是为了保证自己知道应该怎么去做。把明确的目标量化出来，在执行计划的时候就能把自己的工作进度和量化的目标进行对比，以便了解两者之间的差距，更好地控制工作进度。所以，在制定目标的时候，不仅要做到明确而具体，还要确保目标能够量化，因为过于空泛的目标，执行起来并不会太高效。

2014年，华为宣布了一个目标："未来4年华为收入有望翻番，到2018年华为将成长为一家700亿美元规模的公司。"从华为的发展轨迹来看，它在制定目标时，总是一小步一小步地向前。华为并不是不能制定大目标，而是希望循序渐进，只有把每一步工作都量化到位，才能确保目标顺利实现。

如果把目标定得过于远大，就会让人产生巨大的心理压力甚至是恐惧感，让人觉得目标可望而不可即。一旦如此，人就会选择放弃，毕竟选择放弃比去实现一个难以企及的目标更容易一些。而且，目标过大的话，往往不容易出成绩，完成工作的周期过长，人通常会因为见不到成就而心生沮丧。

但是，如果能把大目标分解成一个个的小目标，并把每个小目标都进行细致的量化，那么目标实现起来就会更加轻松和简单。随着目标的不断实现，人的自信心会逐渐增强，工作起来动力就会更强。

有人曾向通用电气公司的杰克·韦尔奇提出这样一个问题："如何让通用电气走向世界？"韦尔奇给出的答案是："也许我们会从马萨诸塞州开始。"通用电气公司制定目标的方法和发展轨迹，与华为公司有异曲同工之妙。把大目标分解为一个个可衡量的小目标，实现起来会更加清晰和容易。华为公司的扩张也绝非一两天就能完成的，所有的目标也不是一两天就能实现的。

所以说，无论你的目标多大，都应该将它量化，一小步一小步、一阶段一阶段地实施。先不要过度关注那些过大的目标，而应该懂得对大目标进行分割，去设置各种短期目标和小目标。努力实现第一个小目标之后，再去实现第二个小目标，这样一来，你就能一直保持工作热情。等所有的小目标都实现了，最大的那个目标自然也就实现了。

试着“跳起来摘桃”，目标不能脱离实际

任正非

每人在每天做的工作中，要想清楚工作目标，有锐利的观察眼光，深刻理解自己所从事的工作，有远大的理想。

美国心理学家洛克认为，制定目标的原因，是将人的需求转化为动力。人的需求越多、越大，他制定的目标就会越多、越大。目标本身就具有激励作用，它的存在，会激励人采取相应的行动。也就是说，人一旦制定了目标，目标就会推动自己前进。而当目标实现之后，人往往会收获巨大的满足感和成就感。

大多数人都希望自己可以把工作做得更好，希望更大限度地发挥自己的能力，实现更高的人生价值。但是，从实践的角度来说，只有合适的、稍加努力就能实现的目标，才能给人带来积极向上的动力。如果把目标设定得太高，就会让目标的实现过程变得艰难，给人带来巨大的压力。虽然比较困难的目标有一定的挑战性，但当屡次失败的情绪蔓延

时，人会陷入绝望之中，最终就会放弃目标。

在目标设置理论中，目标的可实现性是目标设置的基础条件之一。任何一个目标，都应该建立在尊重事实、切合实际的基础上。只有客观评估环境和形势，并根据个人的能力、条件、资源等去制定一个合适的目标，才有可能让目标变为现实。

拿破仑·希尔曾说："做那些你所能做的，做那些你有机会做到的事。"给自己设定一个合理的、切合实际的目标，试着"跳起来摘桃"，这是实现目标的前提之一。任正非曾不止一次地说："我没有思考什么远大的理想，我正在思考的不过是未来两年我要做什么，怎么做。"对他来说，未来两年的目标就是一个切合实际的计划，也是比较容易控制和实现的。在他的带动下，华为的员工也都有切实可行的计划，都明确知道自己应该做什么和应该怎么做。

但是，很多人并不像华为人一样思考，他们觉得目标越大挑战就越大，成功之后所获得的成就感也就越强烈，所以他们往往愿意寻找和设定一个大目标。殊不知，这样做是大错特错的。虽然目标应该高于现实，但是也不能高出现实太多。摘桃子的时候，选择那些位置稍高但跳起来就能摘到的桃子，才是合理的、可实现的目标；如果非要摘一个位置很高、跳来跳去始终摘不到的桃子，那么这样的目标最终将无法达成，也就没有任何的意义。

任正非说："任何目标都必须是可执行的，任何缺乏执行性或者无法达到的目标，都毫无用处。"所以，华为人在制定目标之前，总将目标的可行性放在重要的位置，要研究工作目标的难度，实现起来会遇到什么问题，等等。所有不切实际的工作计划，都会被一一否定。他们知道，目标并不是越大越好，一旦定下遥不可及的目标，那么各种压力和负担都会相随而至，这非但对目标的实现没有帮助，反而会有反作用。

通常来说，目标的价值和意义取决于它的可实现性，一个无法实现的目标，根本不具有任何价值，更不要妄谈优秀了。所以，如果有人制定和执行一些不可能完成的目标，那么他再怎么努力都是在做无用功。

总而言之，制定目标有两个主要标准：一是尊重事实，切合实际；二是具有一定的挑战性，需要“跳起来”才能实现。很多人在制定目标的时候，并不能真正做到这两点，所以在工作的过程中，往往会遭受失败。而那些能够根据实际情况去制定目标的人，则能很好地完成工作，实现自己的价值。

排列、分解目标，紧要的工作先做完

任正非

方向是坚定不移的，但并不是一条直线，也许是不断左右摇摆的曲线，在某些时段，还会画一个圈，但是我们离得远一些或粗略来看，它的方向仍是紧紧地指着前方。

在华为，任何一个目标都是经过深思熟虑之后才确定的，有了确定的目标，工作起来方向感更强，效率也更高。但是，每个人每天不止做一项工作，虽然都有计划，但是难免出现冲突。一旦各种工作混在一起，就很容易产生重叠和疏忽，使得工作效率大大降低。所以，当工作很多的时候，一定要灵活应对，把紧要的工作放在首位去完成。

在华为公司，有一个不成文的规定：当目标太多的时候，一定要学会分解和排列。对很多人来说，这个规定有些让人匪夷所思，目标本身就多，时间本就不够，还要花费时间去分解和排列目标，这不是更没法实现目标了吗？

如果你也有这样的疑惑，那就说明你的工作方法出了问题。把所有的目标工作都放在一起，同时去操作，这只会让你手忙脚乱。杂乱无章的工作方式，会导致你的工作效率受到极大的影响。

不妨试想一下：你正在做一项工作，领导突然过来向你询问另一件更加重要的工作，这时你才意识到，自己应该先做另一项工作。于是，你放下手头的工作，开始去做领导问过的那项工作。等做完那项重要的工作，你已经没有了之前的工作思路，只能费尽心思地重新开始暂停的那项工作。

在这个过程中，你无形中浪费了许多时间，如果一开始就从重要的工作做起，那就能有条不紊地完成两项工作，既节约了时间，也免得被领导的询问搞得手忙脚乱。具体来说，可以从以下两个方面做工作。

1. 排列目标次序

无论身处何种工作环境，职场员工都必然会遇到几项工作同时需要处理的情况，如果不懂得按照轻重缓急来安排工作，那么员工最终会变得焦头烂额，不仅白白浪费了大量时间，工作也无法顺利做完，目标最终无法实现。

所以，在同时有多个目标需要完成的时候，一定要给它们排列先后次序。对实现目标的贡献、价值越大的事情，越要优先处理；对实现目标的贡献、价值越小的事情，越要延后处理。也就是说，哪项工作能让你更快地实现目标，就先做哪项工作。按照这个原则来安排工作的先后次序，效率会有很大的提升。

2. 分解目标

有时候，员工会接到一些比较繁杂或目标较大的工作，这样的工作会耗费较多的时间和精力，往往很难在短时间内完成。要想更高效地做好工作，员工应该学会将大目标分解成一个个小目标。当小目标一个个实现的时候，大目标自然也就实现了。

有一位马拉松比赛冠军，在总结自己的成功经验时说："每次比赛之前，我都会沿着比赛路线预演一次，把赛道边显眼的标志物全都记录下来。这样一来，比赛的时候我就有了一个个短程目标。每实现一个小目标，我就想着下一个小目标，这样跑步我觉得很放松，于是轻轻松松就跑完了全程。"

对于运动员来说，马拉松是一项非常漫长的比赛。如果刚开始跑就紧盯着终点，很可能会觉得艰难和枯燥，中途往往很容易放弃；如果能把整个赛程分解为一个个短距离目标，那么实现起来就会比较容易一些。

对于职场人士来说，职业生涯显然比马拉松更加漫长。在工作中，合理分解目标同样非常重要，这是一种高效工作的极佳方法，也是做好目标管理的有效手段之一。

延伸阅读：制定目标的“SMART”原则

在制定目标的过程中，许多人会犯下类似的错误：追求最有价值的目标，而非最有可能实现的目标。这一错误的产生，让很多人误入歧途，虽然制定了远大的目标，但是最终往往以放弃或失败告终。

实际上，最有效的目标并不是价值最大的那个，而是最有可能实现的那个。那么，什么样的目标才是有效的呢？衡量目标是否有效，运用“SMART”原则是一个好方法。

1. Specific（明确性）

工作目标要清晰、明确、具体，杜绝模棱两可的情况。只有这样，才能在操作的过程中准确实施，实现高效工作。

2. Measurable（可衡量性）

具体来说，每个目标都应该有数据的量化表现，而且数据不止一个，各个方面都应该做到能够衡量。否则，就无法判断目标是否可以实现。

3. Attainable（可实现性）

如果制定的目标脱离实际或是远超个人能力，以至于无法实现，那么目标只会浪费时间和精力。那些具有可实现性的目标，才是真正值得努力的目标。

4. Relevant（关联性）

任何一个目标，都应该与自己的工作有关联。制定目标是为了更好地完成工作，如果与工作毫不相干，那显然无法对工作起到促进作用。

5. Time-bound（时限性）

制定目标的时候，要给目标设定完成期限。作为衡量目标实现程度的重要组成部分，时限显然不可或缺。有了时间的限制，工作起来会更有紧迫感，效率会更高。

"SMART"中的五个原则，缺一不可，相辅相成。这一点，已经被一个个真实案例印证。

遵从"SMART"原则来制定目标，不仅能找到最有效、最容易实现的目标，还能让你变得更加优秀、强大。

自我检查

1. 你习惯以怎样的方式去制定目标?

2. 你喜欢追求最有价值的目标还是最有可能实现的目标?

3. 你会运用“SMART”原则来制定目标吗?

HUAWEI

第二章

艰苦奋斗：为客户创造价值才是奋斗

- 修炼自我，成为公司需要的奋斗者
- 艰苦奋斗的精神，永远缺不得
- 以成果为导向，不要只是表面上很努力
- 积极“傻干”，态度与业绩成正比
- 拒绝空喊口号，奋斗需要脚踏实地

修炼自我，成为公司需要的奋斗者

任正非

要确保奋斗者的利益，如果你奋斗不动了，想申请退休，也要确保退休者有利益。不能说过去的奋斗者就没有利益了，否则以后谁还上战场呢?

任何一个华为人，对“奋斗者”这个称呼都不会觉得陌生，因为这是华为员工特有的一种身份标志，是对员工奋斗精神的积极肯定。

2011年4月，任正非在华为公司高层会议上首次提出：要把华为员工划分为三种类型，第一种类型是普通劳动者，第二种类型是一般奋斗者，第三种类型是有成效的奋斗者。三种类型的员工，会有不同的工资、奖金。

在这次会议上，任正非说：“我们处在一个竞争很激烈的市场，又没有什么特殊的资源与权利，不奋斗就会衰落，衰落后，连一般的劳动者也保护不了。我们强调按贡献拿待遇，也是基于这种居安思危。”

在华为公司，奋斗者是备受推崇的，他们为公司贡献了很多，公司也回馈给他们很多。其实，不只是华为公司，所有的公司都需要奋斗者，愿意与公司一起奋斗、一起拼搏的员工，无论在哪家公司都会备受欢迎。

然而，并不是每个人都愿意努力修炼自己，尝试着成为公司不可或缺的人。甚至有些人抱着“不满意这家公司就跳槽的心态”去工作，心态难以保持平衡，自然缺少奋斗的动力。在实际工作中，奋斗的精神最重要，奋斗的价值也最高。

2016年，华为曾派出一支团队前往非洲布隆迪工作。布隆迪非常贫穷，各种物资都相当匮乏。在那里工作的华为人，有时好几天都吃不到一顿蔬菜，他们只能靠从国内带去的挂面和榨菜充饥。

由于当地的网络质量不佳，华为员工只能每天轮流值班，下载各种数据。产品出现问题时，他们就跟着当地的工程师一起下站点，排查和解决问题，及时为用户提供满意的服务。

最终，这支团队超预期完成了2016年的经营目标。在庆祝大会上，很多华为员工都露出了欣喜的笑容。

随着华为公司的不断发展壮大，华为不断在世界范围内扩大自己的经营版图，在一些环境艰苦的国家和地区，华为人将艰苦奋斗的精神发挥到了极致，这种精神也让华为员工比其他公司的员工拥有了更大的优势。华为人坚持艰苦奋斗，坚持为客户创造最大的价值，他们的奋斗给自己带来了实实在在的益处。

任正非说："公司在大发展，并力图给每个人创造发展机会。公司的人才是跑步就位，同样的培训，在实践中有的人进步很快，在座的人员中明年就会拉开距离。公司对人的评价是现实的，不在你理想有多大，而在于你的实际贡献。今年贡献大，是英雄，明年就不一定了。但大家要坚信一条，是金子必然会发光，在公司这种大浪淘沙的环境中，金子是不会被埋没的。"

每家公司都需要人才，华为公司自然也不例外。但是，华为更加需要愿意艰苦奋斗的人才。只有成为一名奋斗者，才能不畏艰苦、兢兢业业地做好自己的本职工作。如果是一名不愿努力奋斗的员工，那么他的能力再大，也没有发挥的空间，也无法取得瞩目的成就。

身为职场人士，如果你想获得越来越大的发挥空间和越来越高的职位，那就只能不断提升自己。这个过程也许是短暂的，也许是漫长的，最终结果完全取决于你的努力程度。越艰苦奋斗，比别人付出越多，你就越有机会成为"鲜花"，而不是衬托别人的"绿叶"。

艰苦奋斗的精神，永远缺不得

任正非

任何员工，无论您来自哪个国家，无论新老，只要坚持奋斗，绩效贡献大于成本，我们都将视为宝贵财富，不断激励您成长。

在华为人的意识中，艰苦奋斗是一种永远不能缺失的精神。从高层领导到基层员工，所有人都能吃苦，都抱着艰苦奋斗的态度参与到工作中。

一代又一代的华为人，坚持继承和发扬艰苦奋斗的精神。正是这种精神和企业文化，让华为从弱小到强大，并逐步成为通信行业的领军者。即便华为如今拥有了很高的地位，但是华为人依然坚持艰苦奋斗的理念，并将这一理念贯彻到日常的工作中。

任正非曾说："一般人只注意身体上的艰苦奋斗，却不注重思想上的艰苦奋斗。科学家、企业家、善于经营的个体户、养猪能手，他们都是思想上的艰苦奋斗。为了比别人做得更好一点，为了得到一个科学上的突破，为了一个点的市场占有率，为了比别人价格低些，为了养更多更好的猪，他们在精神上承受了难以想象的压力，他们有的人比较富裕，但并不意味他们不艰苦奋斗。比起身体上的艰苦奋斗，思想上的艰苦奋斗更不被人理解，然而也有更大的价值。”

华为创业之初，任正非在深圳租下了一间破旧的厂房作为办公场所。在这个简陋的厂房里，任正非与几十名员工一起，夜以继日地研究开发交换机。

任正非让人用木板将整层楼分隔成几个区域，作为工作车间。由于整体空间太小，无法划分出休息区域，于是任正非让人在墙边摆了十几张单人床，还用泡沫纸箱搭建了很多地铺，这就是华为人最早的住所。包括任正非在内的几十名华为人，以厂房为家，吃住都在这里。为了工作，他们常常废寝忘食。虽然工作和居住条件艰苦，但是艰苦奋斗的精神，让他们什么都不在意。

在20世纪90年代，空调的价格还比较高。对处于创业初期的华为人来说，购买空调是他们不敢想象的。酷暑时节，华为人在厂房里安装了几台吊扇，便挥汗如雨地投入工作，电路板从设计到焊接，软件从编写到调试，当时每个华为人的工作都在这样的环境中完成。

那个时候，华为各方面的条件都很艰苦，但是员工们苦中作乐，工作起来总是全神贯注，累了就趴在桌子上睡会儿。蚊子多的时候，就用塑料袋从头到脚把自己包起来，只挖出几个小孔，能呼吸和看东西就行。

就是在这种艰苦的环境中，华为这艘巨轮扬帆起航，直至今日，艰

苦奋斗的精神依然是华为屹立不倒的秘诀之一。

华为人从来不会将艰苦的环境视作工作的障碍，即便在一些不发达地区，华为人依然能兢兢业业地工作，为当地人带去稳定的网络和高质量的产品。这是因为，华为人习惯了艰苦奋斗，习惯了在艰苦的环境中努力工作。华为人能够取得如今的成就，站在如今的高度，与他们甘愿吃苦是分不开的。

但是，即便在如今这样的高度，任正非依然时刻提醒员工保持清醒。他常说，成功是一个讨厌的教员，它诱使聪明人认为他们不会失败，它不是一位引导我们走向未来的可靠的向导。华为已处在一个上升时期，它往往会使华为人以为艰苦奋战已经胜利。这是十分可怕的，华为与国内外企业的差距还较大，只有在思想上继续艰苦奋斗，长期保持进取、不甘落后的态势，才可能不会灭亡。繁荣的里面，处处充满危机。

如今这个时代，人们的物质条件有了极大的提高。与之相应的，却是精神层面的追求越来越少。华为人坚持艰苦奋斗，无论条件多么艰苦，也阻挡不了他们积极进取的决心。对于这样努力的人，成功是最好的回报。

以成果为导向，不要只是表面上很努力

任正非

我们公司的价值取向是直接责任结果导向，而不是素质导向。我们强调猛将必发于卒伍，宰相必取于州郡。我们的任何素质是在贡献中发挥出作用，才能被认知的。在责任结果面前，人人公平。

一说起任正非，很多人都会说起他当兵的经历。在很多人看来，任正非的坚强意志就是在军旅生涯中锻炼出来的。

这种说法并非没有道理，虽然任正非很少提到这段军旅生涯，但是他曾不止一次地提起这段当兵经历对他的积极影响。

十多年的军队生活，让任正非深受部队精神的影响。“攻必克，战必胜”不仅成为任正非的工作理念，也成为华为人共同的行事准则。华为人一切以结果为导向，坚决反对看起来很努力的行为。

一位曾长期跟随任正非的华为高层说：“不要过分强调困难，因为任正非的字典里根本就没有困难这两个字。当他交给你一项任务的时候，

你只管尽力去执行，千万不要在他面前找什么理由，说这项任务你完成不了。当然，在执行的过程中你可以对问题及时进行反馈。当你尽了最大的努力却依然没有完成任务的时候，任正非还是会给出客观的评价。在任正非看来，上级安排了工作、交代了任务，下属就一定要完成，即使这个过程中有很多困难，也不能只喊困难而不去努力克服。”一切用结果说话，但是结果并不是唯一的衡量标准，这就是任正非的工作哲学。在他的影响下，华为人形成了一种共识：可以容忍努力之后的失败，却不能原谅只是表面上的努力行为。这是华为人成就自己的工作哲学之一。

华为人一直以客户为中心，坚持为客户提供最佳的产品和服务，对于他们来说，最好的结果就是客户满意。在工作的过程中，所有的努力都是为了实现最后的结果，为了达到这一目标，只有专心致志、全神贯注地做好自己应该做的工作。所谓的困难和难处，都是唬人的纸老虎而已。

徐宏波曾长期担任任正非的秘书，他曾对人说："给任正非当助理绝对是一件很苦的差事。当他需要一样东西的时候，他不是让你去做出来，而是让你去变出来。”任正非做事喜欢干脆利落，不喜欢拖泥带水，要求去做的事情就一定要努力做到。

任正非要求员工做到的事情，他自己首先会做到。在工作中，无论遇到多大的困难，他的想法都是“如何去克服”，而不是强调客观理由。有这样的领导做榜样，他的员工也都学会了以“不找理由找方法”的理念参与到工作中。

华为人看重结果，并不是说唯结果论成败，而是强调要为了最后的结果做出最大的努力。那些只是表面上很努力的人，注定无法在华为立足，只能接受被华为淘汰的命运。

身为职场人士，以结果为工作导向，坚定地向着最终的目标努力前进，才能迸发出最大的力量，取得最大的成绩。

积极“傻干”，态度与业绩成正比

任正非

大家不要把自己的职业通道看得太重，这样的人在华为公司一定不会成功；相反，只有不断奋斗的人、不断为客户服务的人，才可能找到自己的机会。

华为从一家无名的小公司，发展到全球第一大通信设备供应商，共走过了30多年的时间。在这段奋斗的历程中，华为人不仅付出了汗水、泪水，也做出了许多牺牲和奉献。

很多人对华为迅速成长的秘密感到不解：“华为为什么能活到今天？为什么能超越爱立信？”

任正非给出的答案是：“其实华为并没有人们想的那么伟大，华为成功的背后也没什么特别的秘密！华为为什么成功？因为华为是最典型的阿甘，而阿甘的性格只有一个字——‘傻’！”

积极地“傻干”，是华为人对待工作的态度。他们一直将《阿甘正传》中主人公阿甘的精神——专注、执着、埋头苦干视作自己工作的精神源泉。他们一直相信，“傻干”能给他们带来想要的业绩和成就。

任正非曾说：“通信行业其实没有想象中那么好做，这个行业比较窄，市场规模没那么大，面对的又是世界级的竞争对手，我们没有别的选择，只有聚焦，只有集中配置资源朝着一个方向前进。犹如部队攻城，选择薄弱环节，尖刀队在城墙上先撕开一个口子，两翼的部队蜂拥而上，把这个口子从两边快速拉开，千军万马压过去，不断扫除前进中的障碍，最终形成不可阻挡的潮流，将缺口冲成了大道，城就是你的了。这就是华为人的‘傻干’！”

任正非准备进入通信行业的时候，已经快到了知天命的年纪。那个时候，他的手下员工有很多刚刚大学毕业。这些人思想比较单纯，对工作没有什么深刻的认识。鉴于这种情况，任正非给他们上了最简单的一课——“对客户好，你就好”。从那时候开始，尊重客户，以客户为中心就成为华为人奉为圭臬的准则之一。为了满足客户的需求，华为人愿意做“傻子”，无怨无悔、踏踏实实地“傻干”。正是在这种信念的指引下，华为逐渐赢得了市场。

对于华为人来说，“傻干”是一种贯彻始终的信念。任正非有一次曾总结道：“公司发展至今，其实优秀的人都走光了，就只剩下我们这些不优秀的人。我也是个阿甘，相信傻干会成功，所以我没走，那些愿意跟着我、相信我的员工也像我一样犯傻，所以就留下了。华为文化最大的特点就是傻，傻的人就是以客户为中心，在人生的道路上我们是合作奋斗，每个人去自省吾身，去改变自己。”

华为人就是这么简单，华为文化就是这么直接。华为能够走到今天，与所有人都有“傻干”的劲头这一点是分不开的。华为常务副总裁郑宝用在面试员工的时候常说：“我们公司是没有任何背景的，一切都靠自己奋斗。在这里工作，不需要拍马屁、拉关系，只要你好好干，公司就会给你回报。”

华为人身体力行地践行着“傻干”的精神，积极努力的工作态度，让他们不畏困难，努力前行。同样身为职场人，我们应该像华为的员工一样，将“傻干”进行下去。即便无法达到华为那样的高度，但是只要肯努力，总会有进步，总能赢得更多的客户，得到更高的业绩。

拒绝空喊口号，奋斗需要脚踏实地

任正非

必须使员工的目标远大化，使员工感知他的奋斗与祖国的前途、民族的命运是联系在一起的。为伟大祖国的繁荣昌盛，为中华民族的振兴，为自己与家人的幸福而努力奋斗。

在我们身边，总有这样一些人，他们时刻都在谈论项目、管理、公司的发展趋势等，开口闭口都是一些关乎公司前景的重大事情。而如果是一些填写工作报告、做好检查记录之类的“小事”，他们往往没有什么兴趣，甚至连提及都不愿意。

在他们的头脑中，成为经理、骨干，被安排在重要的岗位上才是重中之重，才是工作的最终追求。要想成为重要人物的想法本身并没有错，但是，只是空洞地喊两句口号，盲目地追求大的目标，是完全行不通的。

在华为，奋斗必须是踏踏实实的，而且华为人坚信脚踏实地的奋斗会给他们带来回报，诚如任正非所说：“机遇偏爱于踏踏实实的工作者。”

在传统的奋斗理念中，冒险是一种主流思想。很多人觉得成功往往青睐那些具有冒险精神的人。其实，过度沉迷于冒险，只会让人变得更加冒进，眼中只盯着一些大事，而忽略一些基础的工作。他们只想当“将军”，而且坚信“不想当将军的士兵不是好士兵”，却没有意识到，所有的“将军”都是从基层逐步晋升而来。如果不能踏踏实实地当一名好“士兵”，那又怎么能成为“将军”呢？

任正非曾说：“我们中有些人可悲的就是理想太多，总想轰轰烈烈干大事。到了办事处看不起维修工作，就急着要做市场，要当副主任、主任，结果什么也没干好，理想也没实现。制造部的人也不甘落后，争着上市场，我与他们谈话，要脚踏实地地做好本职工作，到市场部淘汰很快，也许一两个月就退下来，再回到制造部，还不如当初留在制造部做好适于你发展的工作。”

很多人进入职场之后，对自己往往抱有很大的期待，渴望自己能够早日取得大的成就，所以对一些小事视而不见。但实际情况是，那些专汴干做好每件小事，踏踏实实做好本职工作的人，往往能够越做越好，进步越来越大。

在华为公司，能力和责任心是衡量员工的标准，每个人都能从公司获得相应的回报，但前提是员工需要脚踏实地地努力，为公司贡献自己的价值。很多学历很高的人才在进入华为之后，都要从基层工作做起，在基层接受足够的锻炼。他们不仅要有远大的目标，还要有兢兢业业的态度。新员工进入华为之后，要接受最基本的培训，培训师会让所有人都放低姿态，将自己视作一名最普通的员工。

在这种理念的影响下，无论华为员工有多高的地位、多大的能力，他们始终坚持脚踏实地地努力，容不得半点好高骛远。在日常工作中，他们坚持三种理念，以确保自己随时都能保持正确的工作态度。

1．不追求不切实际的目标

不切实际的目标，会将人带向歧途，让人变得盲目和好高骛远。所以在制定目标时，一定要具有可实现性，一旦目标脱离实际，就要立刻废除。

2．保持足够的耐心

任何工作都不可能一蹴而就，想要以最快的速度去完成自己的工作，往往会发生差错。越是困难的工作，越应该保持足够的耐心，只有耐心才能让人保持稳定的步伐，急功近利则会让人走向失败。

3．懂得量力而行

做工作的时候，一定要清楚自己的能力。强迫自己去做超出自身能力范围的事情，只会给自己带来不必要的困难和麻烦。一旦局面失控，失败就会接踵而至。

即使在华为快速增长的年代，华为人依然坚持脚踏实地地工作。可以说，这种理念已经融入了他们的身体之中，成为他们生命中不可或缺的重要组成部分。

对于身在职场的人来说，只要保持脚踏实地的精神，愿意在一点一滴中积累和进步，那么他最终就会获得相应的回报。

延伸阅读：艰苦奋斗需要持续性

在华为的发展历程中，艰苦奋斗精神是华为人一直秉承的理念，为了让华为的业务在全球范围内产生影响力，华为人持续不断地工作，无论在多么艰苦的环境中都不忘艰苦奋斗。

任正非说："长期艰苦奋斗，也是以客户为中心。你消耗的一切都是从客户那里得来的，你的无益的消耗就增加了客户的成本，客户是不接受的。你害怕去艰苦的地区工作，害怕在艰苦的岗位工作，不以客户为中心，那么，客户就不会接受、承认你，你的生活反而是艰苦的。当然，我说的长期艰苦奋斗是指思想上的，并非物质上的。我们还是坚持员工通过优质的劳动和贡献富起来，我要警惕的是富起来以后的惰怠。"

在华为，艰苦奋斗是一种很被看重的精神，而且任正非坚信这种精神需要传承和发扬，只有持续进行艰苦奋斗，才能让华为始终在通信行业名列前茅。为此，他特意在2005年注册成立了华为大学。对于办大学的目的，任正非这样说："华为大学一定要办得不像大学，因为我们的学员都接受过正规教育。你们的特色就是训战结合，给学员赋予专业作战能力。整个公司第一是要奋斗，第二要有学会掌握去奋斗的办法，光有干劲没有能力是不行的。”可见，任正非为了让公司形成长期的、有持续性的艰苦奋斗精神，做出了很多的努力。

华为人相信艰苦奋斗能够给他们带来相应的业绩，这种坚持让华为人无论在何种情况下都能做好自己的工作，赢得客户的信任。长此以往，华为公司就会逐渐赢得全球市场的认可。可以说，艰苦奋斗精神是华为公司不断发展壮大的基础，是艰苦奋斗让华为人变得越来越坚韧，让华为公司变得越来越强大。

自我检查

1. 在工作中，你会“挑肥拣瘦”吗？
2. 工作环境艰苦的时候，你愿意多坚持一下吗？
3. 公司遇到困境时，你愿意和公司一起渡过难关吗？

HUAWEI

第三章

工匠精神：专注做好眼前的一件事

- 专注是工匠精神的源头所在
- 要有“板凳要坐十年冷”的耐心
- 专注于一，激发工作潜能
- 以“差不多”心态工作，结果就会差很多
- 坚持专注，成为不可或缺的那个人

专注是工匠精神的源头所在

任正非

工匠精神就是专注，用一生的时间钻研，成功就是一生做好一件事。

权威机构的相关统计数据显示，截止到2013年，全球范围内运营超过200年的公司：日本最多，共有3146家；德国紧随其后，共有837家；排在第三的是荷兰，共有222家；第四名是法国，共有196家。

不难看出，在连续运营时长上，日本的公司处于遥遥领先的地位。为什么日本的公司如此“长寿”？因为日本始终传承着工匠精神。

关于工匠，美国经济学大师亚力克·福奇这样说：“很多人认为工匠是一种机械重复的工作者，但其实，‘工匠’意味深远，代表着一个时代的气质，与坚定、踏实、精益求精紧密相连。工匠并不单指手艺人，还有使用现有技术工具、利用创新精神去解决各种各样问题的发现者和发明家。”

在工匠的眼里，工作并不是赚钱的工具，他们的追求是，渴望自己能在从事的行业内树立一种对所做的事情和生产的产品精益求精的精神。这种追求，就是工匠精神的极佳体现。

日本Hard Lock公司只是一家生产螺母的小公司，但是在业内有很高的声望，很多企业都争先恐后地想要与它合作。究其原因，就是这家公司始终秉持工匠精神，一直专注于做好螺母。

螺母虽然看起来毫不起眼，却是飞机、轮船等不可或缺的重要构件。而Hard Lock公司生产的螺母恰恰是世界上最好的，所以Hard Lock公司从来不缺订单。

在Hard Lock公司的官网上，写着这样一段话："本公司积年累月掌握的独特技术和诀窍，确保对不同的尺寸和材质有不同的对应偏芯量，这是Hard Lock公司生产的螺母无法被人模仿的关键所在。"

Hard Lock公司能够成功，与其说是因为它拥有独特的技术和诀窍，不如说它具有工匠的专注力和耐心。毕竟，长年累月地专注于一件看似简单的小事，并不是每个人都能做到的。

任正非一直很推崇这种工匠精神，2015年他曾给全体员工写了一封邮件，核心内容就是"学习日本的工匠精神，一生专注做一事"。他曾说："中国现在又冒出来很多企业，其实也跟华为一样，也是专心致志做一件事的。一个人一辈子能做成一件事已经很不简单了，为什么？中国有13亿人，我们这几个企业把豆腐磨好，磨成好豆腐；你们那几个企业好好去发豆芽，把豆芽做好，我们13亿人每个人做好一件事，拼起来我们就是伟大的祖国。”

专注于一地做好一件事，说起来很简单，但是真正做起来其难度超乎想象。华为之所以能够不断发展壮大，与华为人对专注的追求有着密不可分的关系。

对于华为的坚持，任正非曾说：“华为坚定不移28年只对准通信领域这个‘城墙口’冲锋。我们成长起来后，坚持只做一件事，在一个方面做大。华为只有几十人的时候就对着这个‘城墙口’进攻，几百人、几万人的时候也是对着这个‘城墙口’进攻，现在十几万人还是对着这个‘城墙口’冲锋。密集炮火，饱和攻击。每年1000多亿元的‘弹药量’炮轰这个‘城墙口’，研发近600亿元，市场服务500亿元到600亿元，最终在大数据传送上我们领先了世界。引领世界后，我们倡导建立世界大秩序，建立一个开放、共赢的架构，有利于世界成千上万家企业一同建设信息社会。”

华为坚持只做一件事，那就是专注于通信领域。在这个过程中，华为人把工匠精神发挥到了极致。他们不断地学习和积累，持续地创新和开拓，终于取得了如今的成就。

想像华为人一样取得成功，就要在工作中坚持精益求精的态度。注重细节，追求完美，才有可能在这个社会中占有一席之地。专注做好一件事情，对工作精雕细琢，经过时间的打磨和积累之后，才有可能成为行业的佼佼者。

要有“板凳要坐十年冷”的耐心

任正非

员工一定要丢掉速成的幻想，学习日本人踏踏实实、德国人一丝不苟的敬业精神。

如今，很多人都喜欢跳槽，在一家公司做了一两年，就要跳到别的公司。跳槽的原因多种多样，或是因为对工作环境不满意，或是觉得薪水太低，或是认为团队不适合自己，等等。

当然，每个人都有选择工作的权利，在感觉不顺心的时候，完全可以换一个新的工作环境。但是，无论跳槽的具体原因是什么，跳槽的员工都选择了放弃现有的工作。如果这个工作做两年，那个工作做一年，总在跳槽的话，工作难免失去连贯性，也就难以积累有效的经验。

这类员工在华为是不受欢迎的。任正非曾说：“精力应该放在搞好工作上。空抱着那些所谓的远大理想是错误的，做好本职工作最重要，这也是华为文化之一。”任正非说这些话的时候，华为已经初露锋芒，但是他依然不忘告诫自己的员工要脚踏实地，千万不要因一点小成绩就飘飘然。

1997年，任正非在《华为人》上刊登了一篇文章，名叫《板凳要坐十年冷》。“板凳要坐十年冷”包含两层意思：一是要懂得坐冷板凳；二是要做好坐很久的准备。这两层含义，指出了员工需要保持的工作状态。

在一家公司中，不可能每个员工都受到同等的对待，也不可能每个员工都能很快获得成功。在成功没有到来之前，员工要做的是专注于自己的工作，而不是因为受到冷遇就选择离开或是彻底放弃。

华为创立至今，离开的员工有很多，但是最终留下来的员工更多。和那些坚持不下去的人相比，那些在自己的工作岗位上坚持了10年、20年的人，才是华为不断发展壮大的根基。默默地专注于自己的本职工作，并非每个人都能做到，那些拥有足够耐心和责任心的人，才懂得“坐冷板凳”的真正意义。那些能把冷板凳“坐穿”的人，懂得付出终会有回报，而事实证明，他们确实都得到了应有的回报。

任正非说：“在冷板凳上坐的都是一代英豪。”无论你身处哪个岗位、从事何种职业，只有坐得住，才能坐得稳，才能做出一番令人羡慕的成就。这是一种专注精神。很多人都知道“一万小时法则”，那些能够坚持在同一件事情上付出一万个小时的人，往往能够获得成功。在付出时间的背后，是他们给予的专注精神，如果没有足够的耐心，如何能坚持一万个小时呢？

最新的职业调查研究表明，员工在一家公司的平均工作时间通常是3～5年，而且这个时间正在呈减少趋势。相对的，员工跳槽的频率正在逐渐增高。如果你也是一个频繁跳槽的人，不妨静下心来想一想，你因为跳槽浪费了多少时间。

在新公司中，你要适应新环境、新同事、新的工作方式，这些都需要时间。一旦觉得新的工作不满意，选择继续跳槽，那么这些宝贵的时间就都白白浪费了。对你来说，时间成本是最大的支出。与其如此浪费时间，倒不如从一开始就专注于一件事情。专注是你节约时间的最大利器，能坚持坐在冷板凳上，你就有机会把板凳焐热，给自己创造发展的机会。

对于员工来说，只有坚守自己的岗位，不断学习和积淀，才能逐渐提升自己的能力。只有耐得住寂寞，才能静下心来，慢慢沉淀自己。要相信，是金子总会发光，厚积薄发能带来更大的成功和冲击。

专注于一，激发工作潜能

任正非

从创建到现在华为只做了一件事，专注于通信核心网络技术的研究与开发，始终不为其他机会所诱惑。敢于将鸡蛋放在一个篮子里，把活下去的希望全部集中到一点上。

在任正非看来，“华为追求有效成长，追求持续发展，就需要有持续艰苦奋斗精神，就需要有工匠精神。工匠精神就是专注，用一生的时间钻研，成功就是一生做好一件事”。对于华为人来说，专注是一种必备的态度，也是做好工作的基础条件之一。

将全部精力倾注于一个细节、一件工作上，才能最大限度地保持专注，避免因分散精力而造成各种浪费。专注于一是一种良好的工作态度和习惯，它能让人取得非同寻常的成就。

爱因斯坦上小学的时候，一堂手工课后老师布置了一项作业——每个同学都制作一个小板凳。第二天，爱因斯坦拿出自己的作品——一个做工粗糙的小板凳交给了老师。

老师只是简单看了一下，就很不高兴地说："我觉得这一定是世界上最糟糕的凳子。"

爱因斯坦有些惭愧地低下了头，小声回应道："不是的，还有比这更糟糕的凳子。"他边说边从书桌里拿出两个做工更加粗糙的小板凳："老师，您看，这是我前两次做的两个小板凳。刚刚交给您的，是我第三次做的。虽然它也不算漂亮，但是至少比前两个好一些。"

做任何事情都是一样的，专注做到最好才是最佳的选择。即便最后的结果依然不尽如人意，但只要足够努力，总比朝三暮四、敷衍了事好。从做小板凳这件事情上，就能看出爱因斯坦做作业时的认真和专注，这种专注为他将来的科学研究带来了积极的影响。

然而，相关科学研究发现，即便是爱因斯坦，其大脑开发程度也只有13%左右。也就是说，人的大部分潜能都没有被激发，人对大脑的利用也只是一小部分而已。

对于人类大脑潜能的开发，任正非很早之前就开始关注。在他看来，员工潜能的开发是人才管理的重中之重。他很清楚，以专注的态度去对待工作，不但能将自己的最大潜能激发出来，还能带动身边的人，提高整体的工作效率。

一个专注的人，通常会把时间、精力、经验、智慧等全部集中到想要做的事情上，最大限度地发挥积极性、主动性、想象力、创造力等，以便更好地为自己的目标服务。

在职场中，很多人并不是没有潜力，只是做事情时不够专注。无法专注地做好一项工作，便无法在工作中取得较好的成绩，缺少了成绩的激励，员工就会有所懈怠，进而导致对工作失去钻研的兴趣。一旦陷入这样的恶性循环中，那工作自然做不好。

所以，专注不仅能让人做好工作，还能激发人的工作潜能。这一点是毋庸置疑的。

以“差不多”心态工作，结果就会差很多

任正非

您什么都想会、什么都想做，就意味着什么都不精通。您要十分认真地对待现在手中的任何一件工作，努力钻进去，兴趣自然在。

胡适先生是中国近代史上著名的文学家，创作过众多的名篇佳作。1919年，他曾在《新生活杂志》上发表过一篇名为《差不多先生传》的文章，引起了很大的反响。文章的主人公姓差，名不多，胡适先生对他进行了生动的描绘：

“差不多先生”的样貌和你我都差不多。他有一双眼睛，但看得不很清楚；有两只耳朵，但听得不很分明；有鼻子和眼睛，但他对气味和口味都不很讲究。他的脑子也不小，但他的记性却不很精明，他的思想也不很细密。他常常说：“凡事只要差不多，就好了。何必太精明呢？”

即使在今天，很多人看到这篇文章的时候依然会会心一笑。可是在笑过之后，许多人并没有发现，在自己的身边依然有很多“差不多先生”。做工作的时候，他们喜欢说“差不多就行了”“我觉得差不多了”之类的话。对于他们来说，工作只要做得说得过去就行，没必要做到完美的程度。带着这样的心态做工作，最终的结果如何，自然可想而知。

在华为，“差不多先生”是没有生存空间的。华为人都清楚地知道，想在激烈的竞争环境中生存下来，就要精益求精，为客户生产出质量可靠的产品。这种对产品质量的把控，并不是随性而为或是临时抽检，而是日复一日、年复一年地始终如此。这样做的目的只有一个，那就是尽量减少缺陷产品出现的可能。

数年前，来自日本的一组励志算式在朋友圈中疯传。算式很简单，就是1.01^{365}与0.99^{365}的对比。

在这组算式中，1.01和0.99分别被比喻成两个人，365次方的寓意则为一年的365天。1.01代表着比一般人更努力、勤奋一些的人，0.99则代表着比一般人更懒惰、松散一些的人。经过计算不难知道，$1.01^{365}\approx37.8$，$0.99^{365}\approx0.03$。最初只相差0.02的两个人，经过一年的洗礼，竟然相差了37.77，这个结果令人大呼意外。

可见，每天追求“差不多”，结果就会差很多。出现这种反差的原因其实很简单：追求完美的人在不断收获，逐渐让自己变得强大；只求“差不多”的人却毫无所得，甚至失去了本身拥有的东西。

在英国，流传着这样一首民谣：“失了一颗铁钉，丢了一只马掌；丢了一只马掌，折了一匹战马；折了一匹战马，损了一位国王；损了一位国王，输了一场战争；输了一场战争，亡了一个帝国。”这首民谣，并非人们想象而来，而是源自一段真实存在的历史。

在一次战斗之前，英国国王查理三世让人为他的战马钉马掌。不巧的是，钉到第四个马掌的时候，铁匠发现少了一颗钉子。铁匠如实向国王说明了情况，并告诫他马掌可能钉得不牢固。但是急于征战的国王对此不以为意，骑上战马便奔赴战场。

国王在战场上奋勇杀敌，眼看就要取得胜利了。但是，少了一颗钉子的马掌却不合时宜地脱落了，高速奔跑的战马一下失去了平衡，带着国王一起重重地摔在了地上。士兵们见此情况，以为国王被对方射中，于是无心恋战，迅速溃败。

查理三世最终被俘，成为阶下囚。一个国家，因为一颗不起眼的钉子，就这样灭亡了。

任正非很喜欢查理三世这个关于“马掌”的故事，他常常以此告诫自己和员工，任何事情都要一丝不苟地去做，哪怕只是一个小小的细节，都可能对最终的结果产生巨大的影响。

在工作中，最要不得的就是“差不多”的心态。凡事都差一点，最后差的很可能就是一个无法逾越的鸿沟。假如我们总是以“差不多”的工作状态去敷衍上级，那么在追求升职、加薪的时候，上级也会以“差不多就行”来敷衍我们。毫无疑问，只有那些工作时一丝不苟的人，才能赢得自己想要的位置，成为职场上的幸运儿。

坚持专注，成为不可或缺的那个人

任正非

真正生活中能把某一项技术精通就是十分难的。您想提高效益、待遇，只有把精力集中在一个有限的工作面上，不然就很难熟能生巧。

华为从一个只有几十人的小公司发展到如今这样的大公司，坚持专注是成功的不二法宝。从创建公司之初，任正非就坚持在通信领域深耕，直至今日，这依然是华为公司的主航道。

随着社会和技术的发展，华为公司面临的竞争压力越来越大，对人才的需求也越来越多，越来越强烈。面对越发紧迫的形势，任正非说："在新问题面前，小公司不明白，大公司也不明白，大家是平等的。华为知道自己的实力不足，不是全方位地追赶，而是紧紧围绕核心网络技术的进步，投注全部力量。又紧紧抓住核心网络中软件与硬件的关键中的关键，形成自己的核心技术。"

无论竞争对手怎么变化，无论客户怎么变化，华为人始终不变的一点就是专注，专注于自己的工作，专注于为客户创造最大的价值。在华为，要想成为不可或缺的那个人，首先要具备的就是工匠精神，愿意花费大量的时间和精力，去做好最基础的工作。

华为员工专注于自己的工作时，往往沉入其中，不为外界所打扰。正是因为这种专注和投入，让他们比别人更容易获得成功和高额的业绩。

一般而言，做工作时的专注度越高，工作效率也就越高，所以专注度是决定人生高度的重要因素之一。如果工作时能把所有可以利用的时间、精力等都投入到自己的工作中，那就能看到专注的力量，看到专注带来的效果。

华为从弱小到强大，最终在激烈的市场竞争中脱颖而出的时候，很多人曾对任正非提出过一个相同的问题："你为什么能获得成功？"任正非十分平静地说，取决于坚如磐石的信念，信念来自专注。

对于任正非的这种说法，被誉为"经营之神"的王永庆先生也深表赞同，他说："其实最基本的就是要全心投入，专心专注，唯有如此才能体会到工作的乐趣，才能克服浮躁，忘记艰辛和烦恼，这时工作带给你的不仅是业绩和回报，还有智慧的灵感和潜力的迸发。人生多由挫折和困顿构成，而工作蕴含着一种改变的力量，它能帮助你战胜挫折、克服困难，给人生带来喜悦和希望。"

事实证明，那些不达目的誓不罢休的员工，往往比普通员工更加专注于自己的工作。他们的工作效率更高，能够取得的成就更大。然而，在实际工作中，大部分人并不能做到专注。他们总是有太多的想法，太多想做的事情，结果让自己分散了目标和注意力，最终什么事情都做不好。

坚持专注是职场人士成功的捷径之一，谁能全神贯注、专心致志地对待自己的工作，工作就会将成功当作回报馈赠给谁。在工作中，只有坚持专注，才能在自己的工作岗位上发挥最大的潜能，做出最大的贡献；只有坚持专注，才能不断进步和成长，逐渐成为不可或缺的那个人。

延伸阅读：专注于一个领域

在现实生活中，我们会遇到这样一些人：他们对各个领域都有一定的了解，无论聊什么话题都能滔滔不绝。乍看起来，他们思路清晰、知识渊博，给人一种全才的感觉。可是，一旦参与到工作中，他们就变得主次不分、建树不多。为什么会出现这种情况呢？因为他们不够专注。他们对各个领域都只是略知皮毛，但对任何一个领域都没有进行过深入的研究，所以很难在某一个领域中做出成绩。在工作的过程中，他们能对各个环节发表自己的见解，可是真正实际操作时，他们往往无法坚持做到最后。看起来，他们的工作范围很广，效率“很高”，可是最终的结果往往无法令人满意。

在华为公司，专注是成功的最大秘诀。华为公司需要的是看似柔弱却一心专注于取经的“唐僧”，而不是武艺高强的孙悟空，更不是时不时就想脱离取经队伍的猪八戒，当然也不是一味任劳任怨的沙和尚。

华为人始终专注通信领域，坚定地向着团队共同的目标前进。他们的专注，让他们只看到客户的需求及未来的前景，只去思考如何让客户实现利益最大化。

任正非说信念来自专注。所谓专注，就是专心致志、全神贯注。这是一种精神，也是一种境界。对于华为人来说，最好的招数，就是专注于自己的工作。他们总是心无旁骛地向着自己既定的目标努力，并专注于自己能够为客户做些什么；他们坚持自己的信念，愿意为工作奉献一切。

自我检查

1. 在工作过程中，你会经常浏览与工作无关的网页吗？

2. 上班时，你会时不时翻看手机或者用软件与朋友聊天吗？

3. 你希望自己是一个专才还是一个全才？

HUAWEI

第四章

服务导向：关注客户利益最大化

- “以客户为中心，为客户创造价值”
- 尊重客户，就像尊重自己一样
- 客户需求是工作的最佳导向
- “眼睛盯着客户，屁股对着老板”
- 以服务和质量取胜，而非低价

“以客户为中心，为客户创造价值”

任正非

为客户服务是华为存在的唯一理由，这要发自所有员工的内心，落实在行动上，而不是一句口号。

坚持以客户为中心，将客户视作工作的重中之重，这是华为公司一直以来的重要理念之一。对于公司来说，要想生存下去，就要创造利润，而利润只能从客户那里来。身为员工，要想得到更好的职位和薪酬，就要为公司创造更大的价值，而这价值，同样需要客户来提供。也就是说，无论是公司还是员工，都必须以客户为中心，只有竭尽全力地为客户提供产品和服务，为客户创造所需的价值，才能赢得客户的心。

任正非曾经表示，华为的核心价值观只有一个，那就是“以客户为中心”。他说：“华为之所以崇尚‘以客户为中心’的核心价值观，就是因为只有客户在养活华为，在为华为提供发展前进的基础，其他任何第三方都不可能为华为提供资金用于生存和发展。所以，只有服务好客户，让客户把兜里的钱心甘情愿拿给我们，华为才有可以发展下去的基础。华为的价值和存在的意义，就是以客户为中心，满足客户的需求。”

华为人坚持以客户为中心，为客户提供符合需求和体验良好的产品，力争为客户创造最大价值。他们知道，想让客户满意，不能只是将自己的想法强加于客户身上，然后就埋头苦干，而要围绕客户的需求，以客户为中心去展开工作。毫不夸张地说，华为能够取得今天这样的成就，“以客户为中心”的服务导向发挥了莫大的作用。

华为人始终坚信，时刻站在客户的角度上思考解决方案、满足客户的需求、赢得客户的认可，是实现高绩效、高增值的关键因素之一。

对此，任正非强调：“为客户服务是华为生存的唯一理由。公司唯有一条道路能生存下来，就是客户的价值最大化。有的公司是为股东服务，股东利益最大化，这其实是错的，看看美国，很多公司的崩溃就说明这条口号未必是对的；还有人提出员工利益最大化，但现在日本公司已经有好多年没有涨工资了。因此，我们要为客户利益最大化奋斗，质量好、服务好、价格最低，那么客户的利益就最大化了。客户利益大了，他有再多的钱，就会再买公司的设备，我们也就活下来了。我们的组织结构、流程制度、服务方式、工作技巧一定要围绕这个主要的目标，好好地进行转变来适应这个时代的发展。”

华为从始至终将客户放在中心位置的做法，为客户带来了更加卓越的消费体验，也让他们对华为有了更多的认可和信任。“以客户为中心”并不只是一句简单的口号，而是一种强大的理念，在工作的过程中会产生巨大的约束作用。

管理学大师德鲁克曾经提出三个问题：“我们的业务是什么？我们的客户是谁？客户心目中的价值是什么？”只有解决了这三个问题，我们才能为客户提供最好的产品和服务，让客户得到最大化的价值。

德鲁克给出的答案是：“从企业的宗旨和使命来讲，这样的中心论题只有一个，就是客户。”客户是企业生存的保障，也是员工获得利益的源头。对于工作人员来说，所有的客户都是上帝，即便客户刁难，也应该将其视作一种考验。只有围绕客户展开工作，让客户感受到我们为他们提供的巨大价值，他们才会心生满意。

尊重客户，就像尊重自己一样

任正非

在客户面前，我们永远要保持谦虚，洞察未来，认真倾听客户的需求，从客户视角定义解决方案的价值主张，帮助客户解决他们所关心的问题，为客户创造价值，帮助客户实现商业的成功，客户才有可能把华为当作“问计的对象”。

在马斯洛的需求层次理论中，每个人都有五种最基本的需求，按照从低到高的顺序分别是：生理需求、安全需求、社交需求、尊重需求和自我实现需求。

现代社会，大多数人已经能够解决温饱问题，简单的生理需求完全可以得到满足；法律制度的健全及高科技手段的运用，让人们的安全有了更多保障；社会的多元化发展，让人们接触到越来越多的人和新鲜事物，社交活动也越来越多。在较低层次的需求都能得到满足的前提下，人们对尊重需求的渴望变得越来越强烈。

身为华为人，对客户的尊重更是无须赘言。他们非常清楚地知道，尊重客户就是尊重自己。华为人有一个共同的特点，那就是知道怎样在一言一行中传达对客户的尊重之意。

德国作家、诗人席勒曾说：“不尊重别人的人，别人也不会尊重他。”如果你想赢得别人的尊重，那就首先想想怎样去尊重别人。尤其对于员工来说，想要赢得客户的认可，尊重对方是一个最基础的条件。

原一平刚刚从事保险工作时，只是公司最基层的一名见习保险推销员。但是，他并没有因为自己的身份而轻视工作和客户，他始终将尊重客户作为自己最重要的工作理念，并一直坚持数年。

原一平进入保险行业的第九年，他的保险业绩位居全国第一。而且，在随后的十五年时间里，他一直保持全国第一。

很多人对原一平成功的秘诀很有兴趣，当别人问起他时，他总是只说两个字：“尊重。”

美国心理学家、精神分析学家、哲学家弗洛姆说：“尊重生命，尊重他人也尊重自己的生命，是生命进程中的伴随物，也是心理健康的一个条件。”每个人都有自尊心，都希望得到别人的尊重、认可和称赞。满足别人的自尊心，不仅是尊重别人，也是赢得别人尊重的有效方法。

发自内心地尊重客户，就像尊重自己。只有这样，才会把客户的需求当成自己的需求，把客户的利益当成自己的利益，全心全意地为客户提供最佳的产品和服务。

华为人一直坚持尊重客户，只要能让客户满意，华为人愿意去做所有能做的事情。这不仅是华为人一直坚持的服务准则，更是华为人多年来一直努力践行的诺言。他们通过自己的行动，将这种理念转化为客户的满意度，而客户给予的回馈，就是一个又一个的订单。

对于服务者来说，客户就是上帝，是能带来工资和绩效的人。对每一个客户，服务者都应该保持足够的尊重，即使努力过后依然没能达成交易，至少能和客户建立感情链接，这为下一次的交易做好了铺垫。如果服务者连最起码的尊重都不能给予客户，那么客户还能奢望服务者给他们什么呢？

客户需求是工作的最佳导向

任正非

现在我们一定要记住客户需求就是我们产品发展导向，我们发展企业的目的是什么，就是为客户服务。为什么要为客户服务，只有客户给我们钱，因此对客户要最好。因此，产品的技术导向是充分满足客户需求。

对于任何一家公司来说，要想保持长期的平稳发展是一个需要思考的问题。同样，一名员工要想成功，也要将客户的需求视作自己的工作导向。

2016年，全球金融进入寒冬，但是华为的销售额却增长了30%以上，这让很多业内人士深感震惊。对于这一现象，华为公司轮值CEO徐直军说："其实说句实话，连我们自己都搞不清楚为什么增长那么快，甚至我们经常在控制节奏，但一年下来结果就是这样。如果说有原因，那就是华为员工的dedication（奉献）。"

他还说，华为员工面对客户的热情和专注是华为最大的竞争力。华为时刻以客户需求为自己的工作导向，华为人始终将客户放在重要的位置，他们考虑的不是自己能赚多少钱，而是如何才能满足客户的需求，如何才能让客户得到更大的利益。

任正非不止一次地强调“在任何时候都不要忘记以客户的需求为导向”这一战略思想，并坚持为客户提供最佳的产品和服务。在日复一日的工作中，这一思想已经融入华为人的骨髓，成为所有华为人共同的责任和使命。

华为公司曾经和铁通有过业务方面的合作，那时，铁通的市场人员基本是技术维护出身，市场经验和意识都非常欠缺。鉴于这种情况，华为的工作人员充分利用华为在市场经验方面的优势，与他们一起探讨铁通究竟应该怎么运营，并主动给他们上销售技巧课。这让铁通的员工十分高兴。

当时，铁通公司想要进行网络规划设计，负责铁通公司项目的华为团队在了解了这一情况后，便主动与铁通员工一起加班加点。华为技术人员还主动写了一份市场分析报告，提醒铁通员工在建设网络时应该注意的问题。

华为人的这种做法，让铁通员工备受感动。华为人不仅做好了本职工作，还做了超出铁通员工期待的事情。在这之后，铁通在拓展业务时，第一个想到的合作伙伴就是华为。

任正非曾说，“服务的最高境界就是多为客户着想。”对于华为人来说，工作没有分内分外之分，只有客户需不需要。客户有需求的话，华为人就会努力去做，尽全力为客户赢得更多的利益，创造更大的价值。

身为职场人，在工作中要坚持以客户的需求为导向，将满足客户需求作为一切工作的核心。与客户沟通时，要多想想“我能为客户做些什么”，而不是只想“怎样才能把产品卖出去”。

有的时候，客户自己或许都不清楚自己的需求，不知道自己究竟遇到了什么问题，需要什么产品。如果我们能多为客户着想，站在客户的角度上去思考，往往可以发现客户遇到的问题，尽早为客户找到解决问题的方案。这样做，会赢得客户更多的认可，与客户沟通起来也会更加顺畅和轻松。

“眼睛盯着客户，屁股对着老板”

任正非

你要是每天看着我不看着客户，哪怕你捧得我很舒服，我还是要把你踢出去，因为你是从公司吸取利益，而不是奉献。

华为从弱小到强大，一步步走到今天，“以客户为中心”的理念从未动摇。在这一理念的指引下，《华为基本法》一次次地被完善，华为人对客户服务的追求也变得越来越精细、完美。

2010年，在一次内部会议上，任正非说：“在华为，坚决提拔那些眼睛盯着客户，屁股对着老板的员工；坚决淘汰那些眼睛盯着老板，屁股对着客户的干部。前者是公司价值的创造者，后者是谋取个人私利的奴才。各级干部要有境界，下属屁股对着你，自己可能不舒服，但必须善待他们。”

对于华为人来说，溜须拍马、阿谀奉承是行不通的，只要将眼睛放在客户身上，专注为客户提供更好的服务，那他就是公司需要的人才。对此，任正非说："其实华为没有你们想的那么复杂，我们只是按照以前定下的目标在走，'以客户为中心'本来就是商业活动的本质，你让客户满意了，公司才能生存，这是一个非常朴素的常识。"

华为公司在国际竞争中刚刚显露锋芒的时候，法国通信业巨擘瑟奇·谢瑞克便邀请任正非到自家的葡萄酒庄园品酒，顺便探讨一下通信行业未来的发展前景。

按照双方约定的时间，任正非准时来到了瑟奇·谢瑞克的葡萄酒庄园。他们一边品尝美味的葡萄酒，一边聊天。谢瑞克带着困惑和迷茫说："通信行业的竞争太残酷了，你根本不知道明天会发生什么……"

通信行业的巨头竟然会说这样的话，这让任正非深感震惊。带着略显沉重的心情，任正非返回了国内。在后来的数次公司高层会议上，任正非都提到了瑟奇·谢瑞克的观点，并提出了自己的疑问："华为的出路究竟在哪儿？华为的明天会是什么样？"

任正非的问题引发了华为公司内部的大讨论，讨论的最终结果是："华为要想走得更远，就必须高举'以客户为中心'的旗帜。"

"以客户为中心"并不是华为人的一句工作口号，而是实实在在的工作准绳。华为之所以能在竞争激烈、变幻莫测的通信行业中占据一席之地，恰恰是因为他们始终"眼睛盯着客户"。

在华为人的意识中，客户永远比老板更加重要。为客户做好服务，是华为人最基本的要求之一。作为职场人士，这一理念是必须遵循的工作信条之一。因为只有为客户创造价值，让客户享受价值，客户才会得到满足，才会愿意购买。

任何时候，满足客户的需求都是提供产品和服务的风向标。想掌握“风向”，那就只能时刻盯着客户。谁能将客户的需求视作自己的需求，将客户追求的价值视作自己追求的价值，并越快、越好地满足客户的需求和为客户创造价值，谁就能赢得客户的心。

以服务和质量取胜，而非低价

任正非

我们的一切动作，要以质量为优先，研发、采购、制造、供应、交付……都要以质量为优先。我们对客户负责，首先是质量；我们与供应商分享，首先也是质量。

在过去很长一段时间里，一提起中国企业生产的手机，很多人的印象就是价格低、质量差，但是华为近些年的突出表现，已经让很多人改变了最初的想法。华为手机在中国乃至全球都拥有了相当高的市场占有率。究其原因，是华为改变了很多中国手机企业以往的生产模式，不再以低价取胜，转而以服务和质量赢得客户。

任正非曾说："这些年我们公司总体还是以坚持质量为中心，包括终端，这些年坚持质量第一的道路就走正确了，慢慢就追上来了。"对于任何一家企业来说，要想改变消费者头脑中的固有印象都并非易事。但是，华为坚持自己的原则和服务导向，华为人坚守"时刻以客户为中心”的要旨，逐步通过自己的努力改变了消费者的印象。

企业要想发展，必须对客户负责，必须有良心。工作人员要想有更好的发展，得到更好的个人待遇，何尝不是如此呢？如果一个工作人员连对客户的体谅之情都没有，他怎么会站在客户的角度去思考问题，又怎么能做好自己的工作呢？

对客户负责，不能只停留在口头上，而要以实际行动来展现。在这一点上，华为曾做出很好的示范。

2015年5月，华为公司的一辆货柜车在为经销商配送手机的过程中，轮胎突然自燃，导致车上的一万多部手机遭到高温炙烤。

事故发生后，这批手机被送回华为总部进行检测，结果发现，其中98%以上的手机都符合出货标准，只有不到2%的手机稍微有点问题。

一般的公司也许会将符合出货标准的那些手机配送给经销商，但是这种事情不可能出现在华为，华为上下都不同意继续配送这批手机，并在高层领导的指示下，将这批手机全部销毁。

销毁产品的当天，很多记者早早来到销毁现场，争相对华为的这一举动进行报道。最终，在现场所有人的见证下，这批价值约2200万元的手机被付之一炬。

华为公司的这种做法，不禁让人想起海尔公司砸毁问题冰箱的事情。两家公司对产品质量的孜孜追求是如此一致，对待问题产品的态度也如出一辙。不让问题产品流向市场，就是最大限度地保护客户的利益，而这恰恰是它们能够赢得客户信任的关键所在。

任正非曾说："我们认为企业的最根本利益是要追求不断的成本改进，不断的质量提高，然后在此基础上才能谈到产品是否具有先进性。华为公司只要有良好的文化，良好的做实精神，有这么一大批优秀儿女，十年以后产值为什么不可以有几十上百亿美金呢？……与国外很多大公司相比，我们的差距太大。怎样做才能赶上它们呢？唯有我们每一届产品都很好，每一届产品都有极强的市场竞争力。我们赶超才不是梦想。"

华为公司追求的不是自己的利益最大化，而是客户的利益最大化。只有让客户享受到应有的利益和服务，公司才能有订单，才能有利润来源。对此，任正非曾说："我们生存下去的唯一出路是提高质量，降低成本，改善服务。"

对于客户来说，购买产品是为了享受产品带来的实用价值及各种附加利益。如果以低价购买了产品，却得不到期待中的利益，那么客户不仅会对产品失望，还会对销售产品的人和公司失望。

作为一名工作人员，为客户提供质量最佳的产品和服务，是赢得客户的关键所在。只是一味强调低价，客户也许会被短暂吸引，但从长期来看，低价并不能给客户带来最大化的利益，工作人员自然也就无法赢得客户的认可。

延伸阅读：时刻以客户的视角想问题

在华为大学，培训师经常会在讲解“以客户为中心”这个观点时，向受训员工提出一个问题：“你的孩子正式就读幼儿园之后，你那从小照顾孩子成长的爸爸妈妈就回老家去了。但是，老人家总是牵挂孙子，常常会打电话询问，没有他们的照顾，孙子的生活怎么样。面对父母的询问，你会怎么回答？”

对于这个问题，很多员工都会给出相同的答案：“二老安心在老家养老就好，您孙子一切都好，不必担心。”在多数人的理解中，让父母安心颐养天年，是不想让他们为孙子的事情操心太多，这是一种孝顺的表现。

但是，如果站在父母的角度上，这样的回答显然是不恰当的。当父母听到这样的回答时，他们可能会产生这样的想法：“孙子有没有我们的照顾都一样好，看来我们的担心是多余的，我们也是可有可无的。”

所以说，按照华为“以客户为中心”的理念，这样的回答是不符合要求的。“以客户为中心”的服务思想，就是完全站在客户的角度去思考问题，不仅要考虑客户遇到的表面问题，还要深挖背后可能隐藏的问题。

对任何一家企业来说，只有满足客户的需求，提升客户的价值，企业自身的目标和价值才有实现的可能。以客户为中心，就要求企业以客户的需求为导向，时刻关注客户的需求变化，随时站在客户的视角去思考和工作，进而不断挖掘客户潜在的需求，努力为客户提供最佳的服务。

自我检查

1. 面对客户的咨询，你会根据客户不同的情况给出相应的解答吗？
2. 客户因产品质量问题大发雷霆时，你会如何处理和劝解？
3. “以客户为中心”的理念，需要你为客户提供怎样的服务？

第五章

团队文化：胜则举杯相庆，败则拼死相救

- 狼性文化是团队的精神支柱
- 对团队最大的贡献，就是做好本职工作
- 个人要积极融入团队之中
- 集体荣誉比个人成就更重要
- 灵活提升团队的工作效率

狼性文化是团队的精神支柱

任正非

企业就是要发展一批狼，狼有三大特性：一是敏锐的嗅觉；二是不屈不挠、奋不顾身的进攻精神；三是群体奋斗。企业要扩张，必须有这三要素。

在动物界中，狼的体型不是最大的，凶猛程度也不是最高的，但是很多人提到它的时候，往往心生恐惧，对它又恨又怕。之所以如此，是因为狼总是群体协作，每次行动都是以群狼的姿态出现。

正所谓“好虎架不住群狼”，团队协作的力量总是大得惊人。因此，虽然在很多人的印象中，狼是一种凶残、邪恶的动物，但是任正非依然追求狼性文化。他看重的是狼的协作精神，是狼为达目的百折不回的战斗意识。

任正非曾说：“狼是很厉害的，它有灵敏的嗅觉，有很强的进攻性，而且它们不是单独出击，而是群体作战，前仆后继，不怕牺牲。这三大精神，就构成了华为公司在新产品技术研究上领先的机制。我们按这个原则来建立我们的组织，因此，即使暂时没有狼，也会培养出狼，或吸引狼加入到我们中间来。也就是说，我们事先并不知道谁是狼，也不可能知道谁是狼，但有了这个机制，好狼会主动来找我；有了一个好狼，就会有一群好的小狼。”

任正非对狼性文化的推崇，帮助他组建了一支狼性之师。无论华为面临怎样的艰难处境，它的员工都愿意与公司共进退。众人一心的结果就是，华为公司在通信市场越站越稳。

狼群集体狩猎的时候，头狼往往发挥最大的作用，承担最大的责任。没有它的指令，其他狼就不会擅自发起攻击，以免破坏整个团队的计划。在这一点上，华为人与狼是一样的。团队的所有员工聚集在一起时，每个人都要听从团队领导的安排，按照领导的要求保质保量地完成自己的工作。只有这样，才能做到全员步调一致，最大限度地减少损耗和提升效率。

任正非说：“任何动物遇到狼群都害怕，为什么？因为狼靠的是协同作战，所以其他动物都不敢惹狼。这些东西很值得华为团队来学习，华为团队学习‘狼文化’，也就是将狼性文化中比较积极的因素引用到华为的团队建设中来。”

在任正非的意识中，狼性文化是打造一支铁血团队的精神内核所在。而任正非自己，就是那匹“头狼”，正是在他的带领下，经过长期的磨合和熏陶之后，华为公司才形成了力量强大的团队文化，而缺乏团队文化恰恰是许多企业难以长期发展的关键所在。

美国管理大师托马斯·彼得曾说：“一个伟大的组织能够长期生存下

来，最主要的条件不是结构、形式和管理技能，而是我们称之为信念的那种精神力量，以及信念对组织全体成员所具有的感召力。”在很多时候，精神力量能够发挥的作用，往往超出人们的想象。面对势均力敌的对手时，胜负往往就在一瞬间，就看谁能再多坚持一秒钟。

在形势瞬息万变的市场上，要想成为所向披靡的伟大团队，共同的信念和精神意志是不可或缺的。身为团队中的一员，努力维护团队的团结，坚决维护团队的利益，是必须做的事情。

在平时的工作中，不仅要培养自己的“狼性”，努力与其他团队成员通力合作，还要坚持严格要求自己，始终将团队利益放在个人利益之上。唯有把握好其中的分寸，并以“狼群”的纪律性去要求自己，才能成为合格的团队成员，为团队做出自己的贡献。

对团队最大的贡献，就是做好本职工作

任正非

我不反对学习，那是你业余时间的爱好，我们强调的是首先要把本职工作做好。将军是选拔出来的，不是因为学习了就可以当将军，但是不学习肯定不能当将军。

在华为创立初期，由于管理者管理经验和人员构成都有一定的缺陷，所以常常出现不同部门的员工工作重叠、职能混淆的情况。许多员工总是按照自己对工作的理解展开工作，虽然热情高涨，但是最终的结果总是不尽如人意。

面对这一情况，任正非说："想要为公司做出最大的贡献，就尽量做好本职工作。"是的，一个人如果连自己的本职工作都做不好，就试图去做职责之外的工作，那么他十有八九会遭受失败。更何况，他不做自己的工作却去参与别人的工作，这样就侵占了别人的空间和资源，对公司的整体运营和发展无疑是一种巨大的浪费。

在华为公司，每个员工的职责都有明确的划分，每个部门的每名员工，都要坚守自己的工作岗位，做好自己的分内工作。这种精细化的管理方式，让员工都人尽其才，确保了团队的运作效率和合作效率。

从工作实践中不难发现，当很多资源集中在工作的某个环节上，资源的供应量大大高于需求量时，资源就会形成浪费，甚至对工作进程产生负面影响。这个道理很容易理解：如果大部分员工都去做同一项工作，而将其余环节的工作放置一边，那么工作的整体进程势必会受到影响。

作为一名合格的职场人士，对这种不必要的浪费行为，应该有正确的认识并加以抵制。无论什么时候，做好自己的本职工作都应该是首要任务。即便本职工作在你看来微不足道，也不能忽视。诚如任正非所说："每一个环节对你的人生都有巨大的意义。你要十分认真地对待现在手中的任何一项工作，积累你的记录。"坚守自己的工作岗位，做好自己分内的工作，才能确保整个工作流程顺利实施，让整个团队的工作变得流畅起来。

在华为人看来，想做好自己的本职工作，一定要把握住两个基本原则。

1. 坚守自己的工作岗位

在华为人看来，每个人都应该专注于自己的本职工作，而不是把时间花费在其他事情上，更不能想着怎么才能去做别人的工作。简单地说，就是每个员工一旦确定了工作岗位，就不能擅离职守，更不能轻易干涉别人的工作。

2. 将本职工作做得更好

对于华为人来说，精益求精地做好自己的本职工作，是一项基本要求。工作没有做得最好，只有做得更好，这样才能让自己的工作价值实现最大化，为整个团队带来更大的利益。

任正非说："我讲的核心是，员工要受约束。我们可以做主人，但要先把本职工作做好，否则主人也做不了。踏踏实实的员工不一定是无能的员工。我不是要求大家不说话，而应该集中精力关注本职。"

任何一项工作都不简单，也不是可有可无的。当你接受了一项任务，承担了一项工作，就要专心致志地将它做好。无论这项任务或工作多么不显眼，你都要加以重视。要知道，你的团队就像一台精密的机器，任何一颗螺丝都是不可或缺的。你能做好自己应该做的工作，就是对团队最大的贡献。

个人要积极融入团队之中

任正非

华为文化的真正内核就是群体奋斗。所以你们如果将来想大有作为，一定要加强心理素质训练，要多边、多层次、多方位地沟通，要学会怎么做人。只有学会了做人，你将来才会做事。

相对团队而言，个人通常都是微小的。团队越大，个人能力就显得越微薄，只有积极融入团队，就像一滴滴水汇入江河一样，个人才能更好地生存下去，才可能做大事。

诚如美国营销大师阿尔·里斯所说："很少有人能凭借一己之力，迅速名利双收；骑师能取得真正的成功，往往是因为他们骑着最好的马。"在他看来，在现代社会如此激烈的竞争环境中，要想凭单打独斗打开市场甚至占领市场，简直就是一种奢望。只有积极融入团队，学会与人合作，并充分利用团队的整体力量，才有可能战胜对手，赢得属于自己的位置。

任正非写过一篇文章，其中有这样一段话："一个人不管如何努力，永远也赶不上时代的步伐，更何况知识爆炸的时代。只有组织起数十人、数百人、数千人一同奋斗，你站在这上面，才摸得到时代的脚。"在任正非眼里，即便是他自己，也不过是华为大家庭的小小组成部分。在团队面前，任何人都没有特权，要想成为团队的一部分，只能积极改变自己去适应团队，而不能要求团队来适应自己。

个人要永远服从团队、服从集体，这是职场人士最基本的认知。一个人的能力再大，如果没有团队其他成员的帮助和扶持，那他什么也做不成。

如果把一个人比作一根筷子，那么很容易就会被"折断"；但是如果十个人抱成一团，就像十根筷子捆在一起，那么想要"折断"就要费一番力气。在华为，积极融入团队并参与团队任务，与团队其他人员展开协作，这是团队文化的重要组成部分。作为团队的一分子，如果只是冷眼旁观，或是只顾着做好自己的工作，而全然不在意自己的队友，那么他不仅不会受到欢迎，也无法成为华为的合格员工。

任正非说："我们也不知道谁最好，也不能肯定哪一代人最好，但我们只要建立一个适合狼的机制，新狼就会不断找上来或培养出来，总会有一个狼的鼻子嗅准了未来的信息世界。因此，我们在用人制度上不能因循守旧，要不断给新人成长空间和成长机会。"

给新人成长的空间和机会，这是华为公司始终坚守的准则。作为公司的一员，无论是老员工还是新员工，华为人一直将融入团队视作最重要的工作之一。在华为这个大家庭中，每个员工都有自己的职责和岗位，所有人通力合作，才让华为有了如今这样的成就和发展势头。

身为一名员工，要时刻将团队的利益放在个人利益之上。当你来到一个新的团队时，最重要的事情就是赶紧融入团队，成为团队中的一员，只有这样，其他人才不会孤立和排挤你。你只有走进团队，和团队成员打成一片，团队成员才会在你需要的时候伸出援手，与你一起渡过难关。在这之后，你才会有发挥个人能力的基础和空间。

集体荣誉比个人成就更重要

任正非

在公司的业务变革和发展中肯定会存在问题，我们干部的责任是以平和的心态去面对并一起解决问题，工作中既要抓效率，坚持原则，又要学会相互欣赏和支持，学会体谅和感激，共同创造一个和谐的、有战斗力的管理团队，我们就能克服一切困难。

无论是在工作中还是在生活中，在不同的场合、不同的时间，每个人都扮演着不同的角色，也都是大团队中的一个个体。

大到整个公司，小到公司的一个部门，每个人在不同的团队中都有属于自己的独特位置，也发挥着与众不同的作用。相对于团队这个巨大的“机器”来说，每个人都只是其中一个小小的“零件”，虽然不可或缺，但是与集体荣誉比起来，个人的成就难免有些微不足道。

华为公司始终尊重自己的员工，将奋斗者放在重要的位置上。但是，想在华为取得更大的成就，仅仅靠个人奋斗是不够的，在大多数情况下，团队的成就和业绩，相比个人的成就更加重要。也就是说，员工不仅要做到个人优秀，更要将这种优秀融入集体之中，为整个集体发挥最大的力量和价值。

任正非说过："华为公司容许个人主义的存在，但必须融于集体主义之中。"在华为，个人英雄是允许存在的，但是不能脱离集体，更不能高于集体，而是要为整个集体服务。在《华为基本法》中，也有特别强调："我们重视培育一支高素质的、具有团队精神的销售工程师与营销管理者队伍，重视发现和培养战略营销管理人才和国际人才。我们要以长远目标来建设营销队伍，以共同的事业、责任、荣誉来激励和驱动。"

一个合格的员工，要成为团队中的一员，甚至要倾其所有为团队做出自己的贡献。一个具有集体荣誉感的团队，才是一个具有顽强意志和战斗精神的"铁军"，才能在任何困难面前都不低头、不气馁，为了集体的利益而努力奋斗。

华为一直非常重视对团队精神的培训和培养，渴望每一个员工都能在公司找到归属感。当员工产生归属感之后，他们就会时刻将自己视作团队的一部分，并因身处这个团队而深感骄傲。这种荣誉感会给员工带来工作动力，能让员工在潜意识中对公司产生更多的认同感，愿意与团队共进退。关于这一点，任正非曾不止一次地提及："下一个时代是群体奋斗、群体成功的时代，这个群体奋斗要有良好的心理素质。别人干得好，我为他高兴；他干得不好，我们帮帮他，这就是群体意识。"

身为一名职员，工作在公司这个集体之中，就应该将公司的利益和荣誉放在个人利益和荣誉之上。即使某些时候个人能力无法得到最大的体现，个人利益有可能受到损害，也要将集体利益与荣誉放在个人业绩之上，这才是对团队负责的表现。

然而，在工作实践中不难发现，有些人明明个人能力突出，在团队中的表现也非常优异，可是他们却无法赢得团队中其他成员的认可，更不要说成为团队的领导者了。这究竟是为什么呢？原因其实很简单，因为他们只关注自己的业绩和成就，却不顾及其他人，不愿为别人提供帮助和支持。这就导致他们虽然个人业绩突出，但是整个团队的业绩却不尽如人意。

如今，社会分工越来越明确，越来越细致。在一个公司中，每一个职员都需要承担一份主要责任，这是职员的本职工作之一。所有人分工协作，才能以最快的速度、最高的效率去完成各项工作。

一名员工如果只看重自己的利益，却不关注团队和公司的利益，那他就没把自己当作团队中的一员。他没有意识到自己的利益和公司的利益是息息相关的，公司获利越多，自己获利也越多；公司一旦没有获得利益，自己可能面临失业的结局。也许他可以找到新的工作，但是如果没有集体荣誉感，那么任何一个团队都不会欢迎他。所以，员工加入一家公司之后，要学着淡化个人英雄主义，而将集体的荣誉放在首要位置。

灵活提升团队的工作效率

任正非

市场部有个很著名的口号："胜则举杯相庆，败则拼死相救。"不管谁胜了，都是我们的胜利，我们大家一起庆祝；不管谁败了，都是我们的失败，我们拼死去救。

一提起"狼狈"，很多人的第一感觉都是它是贬义的，是一种不好的描述。但是在任正非眼里，狼和狈都有各自的优点，都有值得学习的地方。狼和狈一起合作，只要能发挥各自的优势，就能让它们的团队发挥更大的作用。

为了提升团队的工作效率，任正非提出过"狼狈组织计划"。至于这样做的原因，任正非说："我们最早提出的是一个'狼狈组织计划'，是针对办事处的组织建设的，是从狼与狈的生理行为归纳出来的。狼有敏锐的嗅觉、团队合作的精神以及不屈不挠的坚持。而狈非常聪明，因为个子小、前腿短，在进攻时是不能独立作战的，因而它跳跃时抱紧狼的后部，一起跳跃。就像舵一样地操控狼的进攻方向。狈很聪明，很有策划能力，以及很细心，它就是市场的后方平台，帮助做标书、网规、行政服务。我们做市场一定要有方向感，这就是嗅觉；以及大家一起干，这就是狼群的团队合作；要不屈不挠……”

在任正非的眼里，狼和狈相互扶持是团队取得胜利的关键。两者互帮互助，最终实现提升效率的目的。在具体执行“狼狈组织计划”时，华为人是这样做的。

1. 分工合作，迅速解决问题

在这个计划中，狼和狈之间的默契程度是决定最终结果的关键因素。在追求分工合作方面，华为人有一套自己的行事准则。

（1）做擅长的工作。在一个团队中，每个人都有自己擅长和不擅长的工作，大家都做自己擅长的工作，才能充分发挥各自的优势，让整个工作流程顺畅展开。

（2）与队友和谐相处。在团队协作过程中，单打独斗是难以获得成功的。相信队友，与队友和谐相处，才能在团队中更好地生存。

2. 抓住战机，保持优势进攻

狼和狈的合作，就是为了赢得共同的胜利。在战略机会出现的时候，要牢牢将它抓住，以求高效工作，获得进攻的优势。关于这一点，华为人都很清楚应该怎么做。

（1）积极献计献策。在工作过程中，华为人惯于积极地献计献策。

一旦有解决问题的办法，他们会主动提出来，这种积极性会推动员工和公司向前发展。

（2）有效协调各种关系。“狼狈组织计划”不是针对一部分人，而是针对所有的成员。所以，各部门、各层级之间都要及时地进行协调，以便更好地展开工作。

狼和狈的巧妙合作，让整个团队的工作效率都有所提升，为公司注入了新的活力。作为一名员工，为团队贡献自己的所有力量，积极地融入团队之中，是自己必须完成的本职工作之一。

在华为，各个部门、各个阶段都有形成“狼狈之势”的机会和可能。无论身居何职，无论从事哪个工种，都要尝试与团队成员进行紧密的合作，发挥各自的最大优势，为团队的整体提升贡献自己的力量。

延伸阅读：队伍的纯洁性始终需要保持

一家公司想让员工以主动的姿态投身工作，贡献更多的价值，一般要做到两点：一是尊重和关怀员工，一旦员工感受到公司的诚意，他们往往会心甘情愿地为公司奋斗；二是要有一套严格的管理制度，这样既能约束员工，又能让员工看到晋升和发展的机会。

如今的华为，规模已经远超很多公司。随着人员的逐渐增多，管理难度也越来越大。而且，由于华为长期在通信行业名列前茅，员工难免出现懈怠甚至是腐败的情况。关于如何保持队伍的纯洁性这个问题，任正非有自己的见解和方法。

任正非2013年的新年献词名为《力出一孔，利出一孔》，其中提道："我们从最高层到所有骨干层的全部收入，只能来源于华为的工资、奖励、分红及其他，不允许有其他额外的收入。从组织上、制度上，堵住了从最高层到执行层的个人谋私利，通过关联交易的孔，掏空集体利益的行为。20多年来我们基本是利出一孔的，形成了十五万员工的团结奋斗。"不允许有其他额外的收入，就是要让员工将公司的利益视作自己的利益，只有将自己的利益和公司的利益紧密联系起来，员工才会纯粹地为公司工作，才不会因外部各种诱惑而背叛公司，做出对公司不利的事情。

对于一家想要长期发展甚至长期处于行业领先位置的公司来说，保持队伍的纯洁性是一项至关重要的工作。想让员工真心实意地为公司利益着想，那么公司就要给员工与其劳动输出相匹配的薪酬和利益，这样员工才会觉得自己受到了尊重，自己的价值有所体现。一旦对公司产生了依赖感和忠诚度，那么员工就会踏踏实实地为公司努力奋斗，创造价值。

自我检查

1．你会常常审视自己的思想和行为吗？

2．你觉得自己的付出得到了相应的回报吗？

3．你喜欢长期在一家公司工作，还是更喜欢隔一段时间就跳槽？

HUAWEI

第六章

时间规划：以结果为导向，控制自己的时钟

- 少数重要的事情，可以多花些时间
- 重视碎片时间，提高时间利用率
- 不要忽视下班前的10分钟
- “四象限法则”：在正确的时间做正确的事
- 制订工作计划，统筹安排时间

少数重要的事情，可以多花些时间

任正非

学会做事，很重要的一条就是要会管事，要有管理头脑，会管理时间，有计划、有条理地安排各项事务，提高工作效率。

我们每天都有很多工作需要完成，但是时间是有限的，所以有时会觉得手忙脚乱，每天都很匆忙，却根本没做成什么事情。之所以出现这种情况，是因为我们没有做好时间的安排和规划。

在时间有限的情况下，我们应该将注意力放在比较重要的事情上。这是因为，重要的事情价值更高，能够得到的回报也更多。也就是说，要以较小的投资换取较大的回报。对于员工来说，这种工作方式是最佳的选择。

华为创业之初，也曾遇到许多难题。一次，一名客户要求在30天内将核心设备建设完成。华为项目团队经过调查研究发现，30天的时间非常充裕，于是就接下了订单。然而，由于一些客观原因，客户要求将30天的期限改为4天。这让华为项目团队慌张不已，这么短的时间根本不可能完成任务。可是，一旦拒绝客户的要求，那么华为就会彻底失去进入当地市场的机会。

为此，华为高层召开了一个紧急会议，连夜对这一突发情况进行商讨，并最终决定答应客户的要求。确定方案之后，华为立刻从总部抽调十几名技术工程师去协助当地的项目团队完成工作。虽然这些工程师本身也有各自的任务，但是在那个时候，最重要的工作是协助项目团队在4天之内完成核心设备的建设。于是他们放下手头的工作，将全部精力投入到项目团队的工作中。

最终，在全体成员的共同努力下，核心设备的建设工作如期完成。由此，华为赢得了客户的认同和赞赏，他们在当地的市场开发工作变得顺畅起来。

最重要的工作一定要多花些时间和人力来做，这是华为人进行时间规划的重要衡量标准之一。所以，他们可以暂时放下自己的工作，去协助其他团队完成更加重要的工作。对于他们来说，在最短的时间内发挥出最大的价值，才是利益最大化的做法，也是最应该选择的做法。这种意识已经融入每个华为人的思想之中，成为他们合理规划时间的指南。具体而言，华为人会这样做。

1．合理排序，一次只做一件事

工作总有轻重缓急之分，想要合理安排时间，提高工作效率，那就要合理排序，将最重要的事情放在最前面做，次要的事情放在后面做。按顺序做事，能够充分地利用时间，让时间发挥最大的效用。

2. 用整块的时间去做重要的事

许多重要的事情，需要也值得花费大量时间去做。在做这类事情的时候，需要有一个相对较长的时间段，并在这段时间里保持专注。只有进行连续思考，才能提高效率。

但是，在实际工作中，有许多人不懂得区分工作的重要程度，手头有什么事情，就急急忙忙地去做什么事情，结果导致工作做得乱七八糟，最终浪费了大量的时间却得不到好的效果。如果一开始就对时间进行规划，将大部分时间用在比较重要的事情上，那么得到的效果显然会更加理想一些。

作为一名员工，合理规划时间是一种非常重要的工作技巧，有了这个技巧，工作起来就能事半功倍。

重视碎片时间，提高时间利用率

任正非

时光不能倒流，如果人能够从80岁开始倒过来活的话，人生一定会更加精彩。

近年来，“碎片化时间”这一概念逐渐深入人心，很多人经常讨论如何利用碎片化时间进行工作和学习，各种利用碎片化时间的方法也受到很多人的欢迎。毕竟，时间虽然是有限的。但是只要能够合理利用，提高时间的利用率，那么时间的延展度就会增加。

诺贝尔奖获得者雷曼说过这样一句话：“每天都不浪费剩余的那点时间，即便只有五六分钟，如得正用，也一样可以有很大的成就。”这就涉及时间管理的问题，谁能充分利用碎片化时间，谁就能做完更多的工作，获得更高的工作效率。

无论是工作能力还是工作经验，都是在一点一滴中逐渐积累起来的。在零碎时间里学习与工作相关的东西，短时间内似乎看不出什么变化，但是经过长期的积累，收获却是惊人的。

任正非曾说：“每一个市场人员，都要利用点滴时间自我培训，每天、每时，与每一个人打交道，您都是受着不同方位的培训，您不自觉罢了。我们提倡自觉地学习，特别是在实践中学习。您自觉地归纳与总结，就会更快地提升自己。公司的发展，给每个人都创造了均等的机会。英雄要赶上时代的步伐，要不断地超越自我。”他说这段话的时候，虽然对象是华为市场部的员工，但是这段话无论在哪个部门、哪家公司、哪个行业，都具有相同的意义。凡事都需要积少成多，工作成果也不例外。

很多员工或许觉得，工作节奏那么紧张，时间都用在了工作上，根本就没有碎片化时间。实际上，有这种想法的员工，只不过没有认真审视过自己，也没有认真对待碎片化时间而已。

在生活中，总有一些碎片化时间，也许只是一两分钟，但是好好利用起来的话，总量是非常惊人的。上下班路上、等车或吃饭排队、等客户、见朋友等一些非常普通的事情，多多少少会带来一些碎片化的时间。综合统计一下，我们每天能够利用的碎片化时间至少有两个小时。每天两个小时，一年下来就是700多个小时，如果能把这些时间都用在工作和学习上，那么我们最终能够得到的回报将是非常惊人的。

雷巴柯夫说：“用‘分’来计算时间的人，比用‘时’来计算时间的人，时间多五十九倍。”在充分利用碎片时间上，华为人有自己的一套办法。一般来说，生活中出现碎片化时间的场景有以下三个。在不同的场景中，我们可以采取不同的措施，合理地利用时间。

1. 上下班路上，听听培训课

对于很多人来说，上下班的路上至少要花费30分钟。如果路况或天气不好，时间还会延长。相对来说，这段时间是比较长的。我们可以事先下载一些培训课程，用手机就能随时收听。这样的话，我们就比那些刷微信朋友圈、看小说的人多增长了一些专业知识。

2. 等人或排队，读读小文章

等人或排队的时间没有上下班路上的时间那么长，但是也可以加以利用。我们可以阅读一些短小、精美的文章，只要能从中得到一些益处，那么这些碎片时间就是有价值的。

3. 出差旅途中，用移动办公工具

身在职场，很多人都有过出差的经历，无论是乘火车还是乘飞机，漫长的旅途总会让人觉得无所事事。其实，我们完全可以在这个时候利用移动办公工具，随时随地工作。

碎片化时间出现的频率很高，在餐前、等人、排队时，都有可能出现。虽然每次的时间长短不一，但是只要充分利用起来，碎片化时间就会给我们带来相应的回报。

所有的事情都是积少成多的，工作时间自然也不例外，华为人不会因为时间太短就任由它随意耗费，而是将每一段碎片化时间都充分利用起来，长期坚持的结果，就是离成功越来越近。

不要忽视下班前的10分钟

任正非

华为公司一定要提高效率，并不是说埋头苦干就行。我们不主张加班加点，不该做的事情要坚决不做，这方面的节约才是最大的节约……如果我们减少20%的无效工作，那么既节约了成本，也不用加班加点。

相信很多人都有这样的经历：每到接近下班的时候，便没有了工作的心思，甚至一直盯着时钟，等待着下班时间的到来。

有些人或许觉得，这种“身在曹营心在汉”的状态只有短短的10分钟，对工作没有太大的影响。如果这只是偶然现象，还可以理解，但是如果形成了不好的习惯，每天如此的话，浪费的时间可就不只是10分钟了，对工作的影响也不是一星半点。而且，长此以往的话，不仅自己的工作状态会受到影响，身边的同事也会受到影响。

德国哲学家叔本华说：“普通人只想到如何度过时间，有才能的人设法利用时间。”在华为人的意识中，每一秒钟都是非常珍贵的，下班前的10分钟更是不能忽视和浪费。在这10分钟里，其实有很多工作可以做。

1. 总结当天的工作

经过一天紧张的工作之后，华为人会将自己的工作进度做好记录，对尚未完成的工作进行梳理，以免疏漏了某项工作，对整体进度产生影响。这样才能掌控自己的工作情况，尽量做到有目标、有规划地安排工作。

2. 制订第二天的工作计划

完成当天的工作之后，这一天的工作并不算彻底完成，还要为第二天的工作做好相应的计划。这样能够保证工作的连贯性，提高工作效率。这是因为，如果第二天再去制订计划，难免会遗忘前一天的工作，还要花费大量的时间去回忆和梳理，显然会浪费更多的时间。

3. 做好应急预案

在工作中，难免会有出现意外的情况，做好相应的预案，才能在意外发生时沉着应对。让所有的工作都有条不紊地展开，能够减少很多慌乱和思考的时间，这实际上就是节约了时间，提高了效率。

4. 留出一段自由时间

有的时候，领导可能会给员工安排临时或额外的工作，如果将工作计划做得太满，那就必然会与领导安排的临时或额外的工作产生冲突。

如果做领导安排的工作，原来的工作计划自然会受到影响。所以说，要在工作计划中留出一段自由时间，这样才能化解冲突。如果没有临时或额外的工作，这段时间则可以自由支配，随意安排一些工作。

可见，下班前的10分钟是非常重要的，合理、充分地利用好它，会对工作的统筹安排产生积极的影响。对于任何一名员工来说，这看似很短的10分钟都是不能忽视的。谁能更好地利用这10分钟，谁就能拥有更高的工作效率，获得更高的工作业绩。

“四象限法则”：在正确的时间做正确的事

任正非

人的生命很短，学这个、学那个，等到满是学问时，你已经90岁了，还可以像年轻人一样做贡献吗？如果有返老还童药，那你应该很伟大。只有未来的智能机器人，才可能在19岁的年龄拥有90岁的智慧。

“四象限法则”是时间管理的一个重要观念，具体应用起来，就是按照事情的轻重缓急，做一个明确的坐标。然后，再根据相应的顺序去安排做事的先后顺序：重要且紧急的事情，最先做；重要却不紧急的事情，次之；不重要却紧急的事情，再次之；不重要也不紧急的事情，最后再做。

换句话说，就是要在正确的时间做正确的事。这样做的目的，是要充分利用时间，让有限的时间发挥最大的价值和功效。

任正非说：“有些员工不断向我述说他是优秀人才。我问他能不能做到上班不接听私人电话，上班不要看报纸；不要在上班时间写信；吃饭不要插队；吃完饭自己收拾好碗筷、垃圾，将它按规定放好；上下班车适当谦让一些，不要多占位子；不要把层次太低的亲属推荐到公司来；在使用干部时任人唯贤，多团结一些局外的人……这些简单的华为文明，您做好了，再把本职工作做出成绩来，您就一定会脱颖而出。”

在华为人的意识中，时间是无比宝贵的东西。在做任何事情之前，都要对时间进行规划，以确保将时间的价值发挥到最大。

1. 重要且紧急的事情

通常来说，这类事情是由重要却不紧急的事情转化而来的。由于缺乏时间规划，所以一些原本重要但不紧急的事情变成了重要且紧急的事。实际上，只要提前做好规划，这类事情是比较少的。一旦遇到这样的事情，你就要立刻着手去做，不要有丝毫的拖延。

2. 重要却不紧急的事情

这类事情是我们常常遇到的，面对这些事情，只要按照计划行事，通常都能顺利地完成。如果觉得事情不是很紧急便有所拖延，那么最终这些事情会变成第一象限中的事情，给人带来紧迫感和麻烦。

3. 不重要却紧急的事情

这类事情出现的频率也很高，往往是一些突发事件。虽然不是很重要，但是给人的紧迫感却很强。面对紧急的情况，首先要判断事情是否重要。如果事情很重要，就要按照处理第一象限事情的标准去处理；如果事情不重要，就可以延缓处理。

4．不重要也不紧急的事情

这类事情往往只占很小一部分份额，在这类事情上，不易花费过多的时间和精力，如聊天、吃零食之类的事情，甚至可以从工作中剔除掉。这样做对提高整体工作效率有很大的促进作用。

高尔基说：“世界上最快而又最慢，最长而又最短，最平凡而又最珍贵，最轻易被人忽视，而又最令人后悔的就是时间。”时间是非常平凡的，但又是最珍贵的，只有珍惜并合理利用每一分、每一秒的时间，合理规划好自己的时间，才能让时间发挥最大的价值。

歌德说：“只要我们能善用时间，就永远不愁时间不够用。”当你感觉自己的时间总是不够用或者忙忙碌碌却得不到什么成效时，你就要检查一下自己的工作方式是不是出了问题，自己对时间的规划方式是否正确。如果你能遵循“四象限法则”，做到在正确的时间做正确的事，那么所有的工作都会变得井然有序，所有的问题都能得到有效的解决。

制订工作计划，统筹安排时间

任正非

大家必须提高管理效率，不要为加班而加班，不要搞形式主义。

英国小说家赫胥黎说：“时间最不偏私，给任何人都是二十四小时；时间也最偏私，给任何人都不是二十四小时。”这句话看起来似乎有些矛盾，实际上是有道理的。善于统筹安排时间的人，往往能更加有效地利用时间，无形中就增加了可以用于工作的时间。

对于华为人来说，制订工作计划是日常工作中重要的一部分，也是提升工作效率的一个诀窍。事先制订工作计划，就等于为工作设定了方向和目标，有了这样的指引，他们工作起来就会更加轻松和高效。

所以，制订工作计划对于员工来说是非常重要的，这样做不仅可以掌控自己的工作进程，还能节约时间。那么，究竟应该怎样正确地制订工作计划呢？

1. 养成制订工作计划的习惯

制订工作计划，并非一天两天的事情，而是要形成长期的习惯。在制订计划时，员工可以根据自己的实际情况，循序渐进地完成工作任务。当你把制订工作计划变成一种习惯之后，你就会发现，这件事情不仅不难，还会给自己带来莫大的益处。

2. 制订合理的工作计划

任何一项工作计划的制订，都要合情合理。工作计划的目标太高，会让人觉得难以实现，从而失去奋斗的动力；工作计划的目标太低，会让人轻易就能达成，从而失去奋斗的兴趣。也就是说，工作计划的目标必须控制在合理的范围内，要想达成目标需要费一些力气，但并非遥不可及，这样工作起来才有足够的动力。

3. 短期计划和长期计划相结合

工作计划有短期和长期之分。所谓短期计划，就是在短时间内就能实现的目标；而长期计划，则需要一段相对较长的时间才能实现目标。制订工作计划时，应该是短期计划和长期计划相结合。在短期计划一个个得以实现时，也在逐渐向长期计划的目标靠拢，这样才能持续保持奋斗的激情。

4. 不轻易改变自己的工作计划

每个人对自己的情况都最了解，制订的工作计划也是最符合个人情况的。所以，一般情况下，最好不要轻易改变自己的工作计划，以免陷入迷茫或是被人牵着走的境地。对于员工来说，坚持自己的工作计划，实际上是一种自信的表现，有助于提升对工作的信心。

歌德说："一个人不能控制自己，就不能控制他人。只有先控制自己，才能控制他人。"制订合理的工作计划，不仅能够节省时间，更是一种自律的表现。一个人要想在工作中取得伟大的成就，必须先掌控自己，逼迫自己制订一份适合自己的工作计划。

对于每一位华为人来说，制订工作计划并不是一件痛苦、艰难的事情，因为这种意识已经融入每一位华为人的血液之中。他们对时间的重视程度，远远超出了其他公司的许多员工。这让他们拥有了比别人更多的有效工作时间，他们能够取得别人难以企及的成就，也就不足为奇了。

合理、有效的工作计划，是员工工作的导向和指南，按照既定的计划去展开自己的各项工作，能够让员工对自己的定位更加清晰，对自己的目标更加明确。这样一来，员工的奋斗动力更强，时间安排更加充分、有效。

延伸阅读：番茄时间管理法

1992年，弗朗西斯科·西里洛创立了番茄工作法。这一时间管理法的主要理念，就是利用一整个番茄时间，全神贯注地去做某一件事情，不受外界打扰，从而提高工作效率和对时间的把控力。

简单说来，就是选择一个想要完成的任务，然后设置25分钟的番茄时间。在这25分钟内，执行者要将全部精力投入到自己的工作上，不能做任何与工作无关的事情，直到25分钟的限时用完，才可以短暂休息5分钟。然后，继续下一个番茄时间。一般来说，每4个番茄时间算作一轮，一轮结束之后，执行者可以休息较长的一段时间。

在运用番茄时间管理法时，要注意几个原则。

（1）一个完整的番茄时间是25分钟，不能任意分割和更改。

（2）一个番茄时间内，只能做一件事，不能同时做好几件事。

（3）番茄时间管理法主要应用于工作方面，玩游戏、看电影等娱乐活动并不适用。

（4）在一个番茄时间内，如果中途做了其他与任务无关的事情，则番茄时间必须作废，重新开始。

（5）番茄时间管理法是自我约束的一种方式，没必要与其他人进行比较。

（6）要根据自身情况制订相应的计划，不能盲目追求番茄时间的数量。

运用番茄时间管理法完成工作时，通常有以下几个步骤。

（1）开始工作之前，先制订相应的计划，确定当天要完成几项工作。

（2）借助手机、闹钟等设定番茄时钟，准确衡量时间。

（3）按照事先制订的计划逐一完成工作任务，这一段时间内保持专注，直到25分钟结束。

（4）在计划书上做出相应标注，然后休息5分钟。

（5）休息结束，立刻开始下一个25分钟的番茄时间，并参照之前的流程投入工作。

（6）工作4个完整的番茄时间之后，适当休息20～25分钟，之后再投入下一轮。

番茄时间管理法操作起来非常简单，每次只要坚持25分钟，就能有效提高时间的利用率和工作效率。对于职场人士来说，这是一种投入少、见效快的工作方法。只要坚持原则并遵照相应的步骤展开工作，那么时间管理就会变得很轻松。

自我检查

1．工作的时候，你通常能专注多长时间？

2．你在工作中运用过番茄时间管理法吗？

3．对你来说，怎么利用时间是最合理和有效的？

第七章

沟通思维：思想碰撞衍生解决方案

- “一杯咖啡吸收宇宙能量”
- 该拒绝的时候，毫不迟疑地说“不”
- 不要随意说出“我明白了”四个字
- 掌握5个原则，让你的工作汇报更有效
- 换位思考，与同事实现双向沟通

“一杯咖啡吸收宇宙能量”

任正非

在思想上要放得更开，你可以到外面去喝咖啡，与人思想碰撞，把你的感慨写出来，发到网上，引领一代新人思考。

在任正非看来，公司内部的沟通是联络感情、碰撞思想火花的重要途径，所以他说：“我们公司内部就要互相学习经验，改进工作，就会缩短我们成长所需要的年份。我们要向别人沟通和学习，要多交朋友。工作上要多沟通、多往来，这样才能有提高，不要故步自封。”

很多人都不明白，为什么华为人的工作效率那么高？如果你去问华为人，相信华为人会将良好的沟通当作一个重要的原因告诉你。每一个华为人，都愿意在沟通方面多下功夫，甚至将自己的所知所想和盘托出，与同事之间进行真诚沟通。可以说，互相沟通和学习，是全体华为人共同进步的基础所在。

任正非很喜欢喝咖啡，而且在喝咖啡的时候喜欢与人交流思想，他甚至说过“一杯咖啡吸收宇宙能量”这样的话。他相信，在喝咖啡的轻松环境下，彼此之间更容易敞开心扉，更容易从别人那里获得知识和经验。

因此，在华为公司，喝咖啡已经成为一种特殊的沟通渠道，无论是干部还是基层员工，无论是工程师还是业务员，每个人都可以坐在一起喝喝咖啡，交流交流工作心得。

1. 和搭档喝咖啡

华为人都渴望不断学习和进步，希望多与同事沟通，从同事身上学到更多的东西，而与同事喝咖啡，就是华为人独特的沟通方式之一。尤其是和自己的搭档喝咖啡，讨论问题更轻松、畅快，即便工作中有隔阂，在喝咖啡的过程中也能轻松化解。

2. 与多个同事喝咖啡

在华为，喝咖啡并不是非得一对一。尤其是与上级或下级单独喝咖啡的时候，双方的心理状态显然会有差别，这对沟通是不利的。与多个同事喝咖啡，可以听到更多的声音，得到更多的信息，这样的沟通比一对一的沟通效率更高。

3. 多参加咖啡聚会

在华为的每个部门里，几乎都有举办咖啡聚会的习惯。举办这样的聚会，主要目的就是加强交流。短短十几分钟的一个小型聚会，就能获取部门同事的知识和经验，让自己得到更多的成长，这样的沟通方式确实高效且实用，所以多多参加有益无害。

任正非曾说：“一个人朋友多一些没有坏处，你工作上有什么困难，你可以跨过太平洋、大西洋给你朋友打个电话，发个E-mail问问，然后整理出来，形成自己的一套系统，也许就是你们正需要的。领导一看，这小子的管理水平挺高的，以后涨工资就涨你吧，以后提拔就提你，你并没有吃亏！俗话说一个好汉三个帮，你们到了海外，工作这么忙，压力这么大，生活这么孤独，你们更应该多和朋友、同事多一些沟通；而如果你封闭起来，你会很吃亏。谁也没有占你的便宜，谁也不会帮助你。”

身在职场，身边都是自己的同事，和同事多多沟通，有利于增加彼此的感情，增强团队的凝聚力。对于职场人士来说，沟通能力是个人能力的重要组成部分。它不仅体现在如何说话上，更体现在能否借助各种不同的沟通方式来吸收别人的能量上。

华为人推崇“一杯咖啡吸收宇宙能量”的沟通方式，并不是因为任正非对它颇有偏爱，而是因为它确实是一种非常高效的沟通方式。在喝咖啡的短暂时间里，就能轻松解决问题，并获得更多的知识和能量，可谓一举多得。对于每一个员工来说，这种沟通方式都是有价值的。

该拒绝的时候，毫不迟疑地说“不”

任正非

公司不可能无限地改进职工的收入，也没有能力做出承诺。一切美好都是共同去创造的，你只有相信自己的努力，并且帮助和消除周边的落后，才会预见公司的美好。

美国斯坦福大学商学院教授德罗斯·费加曾做过这样一个实验：他给10名学生布置了同一道难题，并要求他们必须在一天之内给出答案。虽然这道题有一定的难度，但是对这10名学生来说，用一天的时间去完成并非难事。

这10名学生接受任务之后，便开始答题。与此同时，费加教授请求自己的同事向这10名学生寻求帮助，如让他们帮忙研究课题、整理资料等。

第二天，有4名学生按照费加教授的要求完成了题目，另外6名则没能如期完成。其中的原因很简单，这6名学生没有拒绝费加教授同事的请求，而完成题目的4名学生则对费加教授的同事坚决地说了“不”。

在工作过程中，你是不是也常常遇到这样的情况，明明自己正在忙于工作，同事却在这时让你帮忙做些事情，碍于情面，你只好答应下来。结果，自己的工作进度有所减缓，最终影响了工作计划，没能实现自己想要达到的目标。

当你发现自己的业绩因同事的过多打扰而受到影响时，你也许会有些后悔，当初不该轻易答应同事的请求。但是，当同事再向你求助时，你却依然选择放下自己的工作，向对方伸出援手。你觉得如果自己拒绝，同事会对自己失望，甚至觉得良好的沟通中就不该出现“拒绝”这两个字。

事实果真如此吗？当然不是！真正的沟通，是建立在自主、自愿的基础上的，并不是不去拒绝别人，就能维持自己的良好形象。

试想一下，如果同事无休止地向你请求帮助，你要怎么办？放下所有的工作，为同事提供帮助吗？这种做法虽然无私，但是对工作的完成和目标的达成都毫无益处。

如果是华为人遇到这样的问题，他们就会在该拒绝的时候坦然而坚决地说“不”。并不是因为他们不在乎同事之间的友情，只是因为他们懂得沟通的真谛。

在工作中，每个人都有自己的分工和特长，放下自己的工作去帮助别人，这是一种不负责任的表现。表面上，帮助别人是一种无私，但是对整个工作流程甚至公司的运转来说，这种不加选择的帮助，是一种巨大的资源浪费，也是降低整体效率的错误做法。

在华为人看来，一旦有人提出与公司或部门规定不符的要求，那么拒绝才是最该做出的选择。当他们的工作繁忙而无法抽出时间给予帮助的时候，他们会表示拒绝。在拒绝这方面，华为人有一套自己的行为准则。

1. 不在工作期间帮忙

对于员工来说，工作期间随意离开自己的工作岗位，是一种不负责任的表现。真的追究下来，甚至会被认作渎职行为。而且，工作期间如果去帮助别人，就会影响自己的工作计划，对最终的目标是极为不利的。

2. 不在上班时间做与工作无关的事情

在上班期间，无论是谁要求做一些与工作无关的事情，都要坚决地予以回绝。因为做一些与工作无关的事情而影响工作，这是无法被原谅的。

3. 不做违背公司规定和原则的事情

华为员工通常都有自己的工作原则，违背公司规定的事情绝对不能做，因为一旦做了，就是对公司的背叛，这是无法容忍的行为。

4. 不做超出个人能力的事情

对于一些超出自己能力的事情，华为人是一定不会做的，因为他们知道，这种事情只会让他们无谓地浪费时间和精力，甚至将他们逼入困境。

在华为，没有人会轻易答应别人的请求，尤其是在工作过程中，因为他们总是将本职工作视作自己最重要的任务。有了这样的共同认知，拒绝对他们来说就是一件十分平常的事情。他们不担心拒绝别人会给自己带来不好的影响，也不担心自己在别人心目中的印象因此而变差。在该拒绝的时候，坚决说“不”，并不是没有人情味的表现，而是认真负责的表现。

身为职场人士，应该学习华为人的这套行为准则，不轻易被别人的思想和行为影响，而尝试以正确的态度去看待拒绝，这样才能做好自己的本职工作，获得更大的业绩。

不要随意说出“我明白了”四个字

任正非

> 我觉得你们总结没有总结到深处，没有总结到痛处。你们不要像蜻蜓一样停在水的表面上，而是要像青蛙一样潜到水的下面去。事情是想好了才能干好，没有想好不可能干好，谋定而后动。

在工作中不难发现，很多人轻易就会说出“我明白了”“我懂了”“我知道了”之类的话。而实际情况是，他们仅仅是对某项工作略知皮毛，并不是真的了解这项工作应该怎样去做，或是并未理解领导的真正意图。

大多数情况下，他们并不是真的懂得了，而是急于表现自己的理解能力、接受能力，或是工作能力，希望领导对自己多加重视。如果领导认为他们确实已经明白了，让他们实际动手操作，很多细节问题他们往往又处理不了，无法做到让领导满意的程度。所以说，千万不要随意说出“我明白了”。即使你觉得自己已经明白了，也要认真聆听领导的指示，等领导交代完毕，再表达自己的观点也不迟。

在华为人看来，工作的最终结果才是一个人能力的体现，谁能更好、更高效地完成自己的工作，谁才是优秀的员工。所以，他们不会像很多喜欢说“我明白了”的人一样，自以为已经了解了领导的意图和要求，于是花费大量的时间和精力去做自认为正确的工作。华为人深知，即便态度积极、努力奋斗，如果没有真正理解领导的意图，那么所做的一切都不过是无用功而已。

华为人不轻易表达“明白了”的意思，并不是因为不自信，而是因为他们明白沟通是一个循序渐进的过程，听领导说完，再阐述自己的观点，才能更全面、更准确地理解领导的意思，为接下来的工作奠定基础。如果只是自以为明白了，便急匆匆地打断领导的话，那么很有可能会错领导的意图，导致工作结果难以令领导满意。

任正非曾不止一次地表达过“每一项工作任务必须落实到位，员工必须严格贯彻和落实公司的发展理念”的观点。但是，在创业初期，华为的很多命令都无法准确得以落实，导致工作的最终结果与公司的要求不符。

发现这一问题之后，任正非便开始梳理各个工作环节，很快发现问题出在上传下达上。造成这种问题的原因有两个：一是管理者没有清晰地传达公司的要求；二是员工没有认真理解领导的命令。为了改变这一现状，任正非多次召开会议，倡导公司所有员工积极进行沟通，对所有可能出现的问题进行深入的讨论，减少脱节现象的发生。

这种情况在很多公司都会出现。而且规模越大的公司，出现这种情况的概率越大。毕竟，员工越多，相互沟通的困难就越大。许多人觉得麻烦，于是选择敷衍性的沟通，甚至直接忽略沟通的环节，这让沟通失去了原有的意义，给工作带来了不应有的阻力。

所以，员工在接收领导的工作指令时，一定要尽可能地听完领导的话，努力从中听出领导的要求和真实意图。有不懂的地方可以提出，而不是随意说“我明白了”之类的话。华为人在这方面很有经验，在他们看来，在领导发出指令时，多听多记显然更重要。

1. 多听少说

领导发言时要认真倾听，听得越多越仔细，掌握的信息就越多，对领导的意图也会有更清晰的认识。少说话是为了减少对领导的影响，一旦打断领导的思路，一些重要的信息就可能被遗漏。

2. 记录重点内容

领导说的话很多，有些是重点，有些则不是。选择重点内容记录在本子上，可以帮助自己更好地记忆和理解，真正动手操作时会有比较明确的方向。

3. 站在领导的立场去理解

领导下达命令时，往往带着某种情绪，员工要试着理解领导的心理，站在领导的角度去揣摩他的意图。

4. 与领导确定工作内容

为了减少误解领导意图的情况发生，员工可以在听领导说完之后，委婉地与领导确定工作的具体内容。比如，员工可以向领导提出“我这样理解对吗？”“我可以这样做吗？”之类的问题，一旦得到肯定的答复，那么工作内容自然就清晰了。

对于员工来说，领导的每一句话、每一个字都蕴含着深刻的含义，员工如果没等领导把话说完就轻易打断或是表达“我明白了”之类的意思，那么很有可能在理解方面有失偏颇，导致工作情况和最终的结果难以令领导满意。一旦如此，不仅工作业绩会受到影响，还会失去领导的信任。

所以，在和领导沟通的时候，一定要听完领导的指令之后再去表达观点，这是明智的做法，也是提升工作效率的良好途径。

掌握5个原则，让你的工作汇报更有效

任正非

我觉得要求汇报工作是一件好事，员工不应该对自己的上级有什么抵触。

不知道你有没有过这样的经历：工作中遇到困难或难题时，第一时间想到的就是要尽自己的全力去克服它。否则，就会怀疑自己的工作能力。

实际上，在职场中，最重要的不是靠一个人的力量把工作做好，而是高效地把工作做好。为了达到这个目标，你可以借用身边的一切资源。当你感觉自己遇到难以解决的困难时，不妨主动向上级汇报情况，及时进行合理、有效的沟通，通过众人的力量去解决难题，进而以最快的速度完成工作，这才是高效工作的真谛。倘若只是一个人默默努力，很可能到最后也无法找到解决方案，不仅浪费了自己的时间和精力，还有可能对团队甚至公司的工作计划产生影响，带来负面作用。

华为公司对员工的工作汇报意识和工作汇报习惯非常重视，所以

总是不遗余力地对他们进行相关的培训。任正非说："精细化管理要多沟通，多沟通才能发现问题，及时改进。围绕全面利润考核与精细化管理，财务报告要实事求是，既不要悲观，也不要乐观。"在这种思想的影响下，任正非不仅自己常常主动在公司会议上做工作汇报，还鼓励和倡导员工主动与上级沟通，及时汇报工作进程。

华为公司有规定，每名员工都必须上交工作总结报告，而且每周、每月、每季度、每年都要提交。如果有人违反规定，就扣除相应的奖金。新员工刚刚进入华为的时候，对这一规定并不适应，但是经过一段时间之后，他们就会逐渐发现汇报工作的好处。

经常向上级汇报工作，可以及时与上级进行思想上的交流，加强彼此之间的沟通，拉近双方之间的距离。对于双方来说，这是一种双赢机制，具体的原因有两个。

（1）员工能在总结和沟通中发现自己的优势和劣势。

（2）领导能及时了解员工的工作状态及工作中存在的问题。

汇报工作具有诸多的好处，但是有些人却怎么都做不好。并不是他们不想做好工作汇报，而是因为汇报的方式出了问题，所以结果往往比较糟糕。

在华为，员工通常在遵守以下原则的前提下，主动向上级汇报工作。

1. 第一时间汇报

每项工作都有一定的时效性，而且工作计划的时间有限，所以在第一时间向上级汇报工作，是最节约时间的做法。这样既能让上级迅速掌握工作情况，又能让自己在第一时间得到协助。

2. 积极主动地汇报

在华为人的意识中，汇报工作是日常工作的重要组成部分。所以，他们不会等上级向自己要工作汇报，而会积极主动地将工作情况汇报给上级。

3. 实事求是地汇报

汇报工作讲求实事求是，任何夸大或隐瞒的行为，都会给上级带来错误的信息，导致上级做出错误的判断，给整个工作流程带来负面影响。

4. 有目的地汇报

在汇报工作的过程中，要有一定的目的性，这样汇报起来才有方向性，才能增强说服力。如果汇报工作杂乱无章，上级无法从中看到确切的目的性，那么他就不会产生重视的感觉。

5. 有重点地汇报

长篇大论是汇报工作的大忌。毕竟上级的时间有限，要想在短时间内引起上级的注意，就一定要抓住重点内容，以此引发上级的关注，为汇报工作赢得更多的时间。

汇报工作的时候，一定要坚持这几个原则，并将它们应用于实践之中。对于员工来说，会汇报工作与不会汇报工作有着很大的差别，要想在职场中站稳脚跟并获得更多回报，那么汇报工作的技巧就必须掌握。

换位思考，与同事实现双向沟通

任正非

在具体的管理上，我们要不断加强与员工的沟通，沟通就是在具体管理上的民主。权威管理的总体原则就是按照公司已经形成的政策努力去贯彻执行，贯彻执行的过程中由于员工的理解不够，需要进行沟通，沟通后员工还不理解，员工只有执行，这就是权威管理。

随着关注企业内部沟通的人越来越多，员工的沟通能力也成为一项重要的考核标准。善于沟通的人，往往能够得到更多的资源和支持；而不善于沟通的人，很可能连最基本的支持都得不到。

之所以如此，是因为善于沟通的人总给人积极、热情的印象，而不善于沟通的人，则会让人觉得呆板、乏味。两者相较之下，显然善于沟通的人更受欢迎，人缘更好，能够得到的帮助自然就更多。

在工作中，分工合作是一种必然的选择。尤其在华为，各司其职、团结协作是一种非常重要的公司文化。员工要想发挥自己的优势，就必须与其他同事展开合作，而在合作的过程中，沟通是基础的活动之一。以顺畅的沟通作为基础，才能确保合作顺利地进行下去。可见，沟通是顺利展开工作的保障之一，每一个员工都应该注意提升自己的沟通能力。

那么，换位思考对沟通有着怎样的影响呢？

对于这个问题，任正非说："我认为当你把别人想成圣人的时候，首先你自己就应该是圣人，总想着别人都应该对我很好，我就是比别人牛一点，这怎么行呢？因此我认为大家都应该换个位置去思考，如果你在他那个主管领导位置上该怎么办？换个角度来思考，如果你当头，你会怎么办？你说他没有水平，换成是你，你是否就有水平？因此我们只要换位思考一下，我们的气也就消了。"

通常来说，沟通中只要注意以下几点，往往就能得到比较好的双向沟通结果。

1. 了解沟通的目的

沟通的目的是更好地与同事相处、合作，为了达到这一目的，要从理解对方做起。而换位思考，恰恰可以更好地了解对方的心理，为沟通奠定基础。

2. 沟通方式因人而异

不同的情况和性格，要选择不同的沟通方式。只有让同事感觉舒服的方式，才是最适合、效率最高的方式。

3. 传达准确的信息

与不同部门的同事沟通时，由于彼此所涉领域不同，所以会形成某种信息的不对称。在沟通时，尽量传达准确的、对方能理解的信息，这对沟通会有积极的促进作用。

4. 多听听对方的声音

有时候，倾听比表达更重要。当你认真倾听同事的声音时，同事会受到鼓励，他自然也会愿意听听你的想法。

5. 及时有效地反馈

沟通是一个双向活动，同事不仅想要表达自己的观点，也想得到反馈的信息。你越是及时地反馈有效的信息，同事越愿意与你进行深入的沟通。

世界闻名的销售员乔·吉拉德曾说："成功是没有秘诀的，如果非要说有，那就是时刻站在对方的立场上。"乔·吉拉德通过总结自己的成功经验，强调了换位思考的重要性。这说明在工作中，换位思考对沟通有正向的推动作用。

与同事沟通时，一定要谨记换位思考的重要性，只有保持同理心，才能和对方站在统一战线上，进而赢得他的认可，得到应有的回报。

延伸阅读：运用极简沟通法则

很多职场人士都明白，沟通在职场交际中占据着重要的位置。有效的沟通能帮助我们化解工作中的困扰，提升我们的工作效率。但是，并不是每一个人都能掌握沟通的精髓。有些时候，一些人在面对较难处理的局面时，往往会束手无策。

实际上，职场沟通并没有那么困难，只要懂得运用极简沟通法则，那么一切沟通难题都将迎刃而解。具体来说，这一法则是这样运用的。

1. 言简意赅

既然强调“极简”，言简意赅显然是非常重要的一个标准。在职场沟通中，尽量不说多余的话，简洁地表明自己的观点或要求，往往比连篇累牍地阐述更有效。

毕竟，职场人士的时间都非常宝贵，浪费别人的时间就是在影响别人的工作进度，会对别人的工作业绩产生影响。言简意赅，不仅节约了对方的时间，也能提升沟通效率。

2. 保持平和的心态

在职场上，总会遇到形形色色的人，有些人优点很多，有些人则有不少缺点。如果因为只看到对方的缺点便不愿和对方沟通，那你的心态就是有问题的。

正确的做法是，无论面对什么样的人，都应该保持平和的心态，以客观的心态去看待对方，和对方进行良好的沟通。心态越平稳，沟通起来就越简单。

3. 用结果衡量沟通效果

凡事以结果为导向，紧盯着结果不放，就会忽视过程中一些不顺心的地方。有一点要搞清楚，那就是沟通中难免会遇到一些意见不合的情况，只要将最终的结果作为衡量的标准，那么就会少受一些影响，沟通起来就会相对容易一些。

越是简单的沟通方式和沟通思维，越能减少时间和精力的浪费。对于职场人士来说，运用极简法则进行沟通，是高效工作的一个良好途径。

自我检查

1. 你会站在别人的角度上展开沟通吗？
2. 你能做到在该拒绝的时候坚决拒绝吗？
3. 汇报工作的时候，你会坚持什么原则？

HUAWEI

第八章

流程建设：按标准流程工作，减少无效劳动

- 流程标准化：制定制度，更要执行制度
- 把规则意识刻进头脑里
- 按流程工作，减少不必要的损耗
- 规范性的良好习惯，让工作事半功倍
- 砍掉“不产粮食”的多余流程

流程标准化：制定制度，更要执行制度

任正非

我们机制和流程经过不断的优化，而形成一种良好的循环机制后，就逐步将人的因素和企业的运行机制相分离，任何人离开这企业后，机制还是能很好地不断运行下去，这就是华为的红旗到底能打多久的关键因素——机制和流程。

对于企业来说，严格的制度是保证企业正常运转的关键所在。但是，有些企业即便有了严格的流程制度，其管理效果也没有想象中那么好。这是什么原因造成的呢？

原因其实很简单，就是这些企业虽然制定了严格的流程，但是员工并没有按照流程的要求做好自己的本职工作。这样做的后果，就是企业的制度形同废纸，根本起不到任何约束和管理作用。

作为一名员工，遵从工作流程去展开工作，这是分内之事。如果将公司制度视若无物，那就说明职业素养出了问题。这样的员工不仅不会

给公司创造价值，反而会拖公司的后腿。

对公司的流程化建设，任正非总是非常上心，所以他不会允许这种行为在华为出现。他常说："非流程化的组织建设，肯定是浪费，提高了成本，肯定会成为包袱，所以不要了。不要搞平行的组织建设，平行的部门。所以我们不要平行的组织，而要搞流程化的组织建设，就是效率高。"

对于华为人来说，流程化工作是效率最高的工作方式，他们有切身的体会，所以对流程标准化总是抱着积极欢迎的态度。

在一项工作中，不会只有一个步骤，也不会只由一个人完成。从某种意义上来说，每个人其实都是流程中的一个组件，每个人的工作都是流程中的一部分。各个部分有机结合在一起，整个流程才能顺利运转起来，工作才能高效地开展起来。

所以，仅仅制定标准化流程是远远不够的，公司的所有员工都应该积极按照流程的要求，坚守自己的岗位，在自己的本职工作上贡献巨大的力量。然而，很多公司的员工都做不到这一点，他们虽然表面上拥护公司的制度，但是实际操作的时候，却由着自己的性子来。

对于这种情况，任正非曾说，有些人还不了解业务流程是什么就去开"流程处方"，结果流程七疮八孔的老出问题。

按照公司的流程去工作，将标准化的流程视作提高效率的秘诀，这样才能更好地提升工作质量，取得更高的工作业绩。如果一味按照自己的想法去工作，而不遵从标准化流程，结果很可能会脱离公司流程建设，最终将面临失败的结局。

对于华为人来说，公司的流程重于一切，为了公司的流程，甚至可以改变组织结构。这并不是夸大其词，而是任正非自己的观点："在组织与流程不一致时，我们原则上改变组织以适应流程。"可见，华为人对流程建设已经到了"痴迷"的程度。之所以如此，是因为他们已经切切实实体会到标准化的流程为自己带来了巨大的收益。

作为一名职场员工，按照公司的要求去工作，这是基本的职业素养。也许某些职员对公司的一些流程有些不适应，工作起来感觉不是很顺手。但是，公司的标准化流程一般是经过长期积累而形成的，对于大多数人而言是适合的。如果某个员工为了自己舒服而弃流程于不顾，那么就会对大多数人的利益造成损害。这不仅是对自己不负责任，也是对诸多同事不负责任。

把规则意识刻进头脑里

任正非

我们要清醒地认识到，面对未来的风险，我们只能用规则的确定来对付结果的不确定。只有这样我们才能随心所欲，不逾矩，才能在发展中获得自由。

所谓“没有规矩，不成方圆”，无论是在工作中，还是在生活中，规矩都是一种必然的存在。尤其是在职场中，成为一名优秀员工的前提，就是要遵守公司的各项规定，在规则允许的范围内做好自己的工作。

然而，在很多公司中，许多员工恰恰缺乏规则意识。上班时吃零食，购物，打与工作无关的电话，等等。这些本不该出现的情况，曾不止一次地出现在职场中。他们没有意识到，肆意践踏公司规定的行为，最终会将他们推出公司的大门。

对于华为的员工来说，华为的规章制度是必须遵守的工作准则，是共同奋斗的前提条件。毕竟，如果每个人都不遵守规则甚至是破坏规则，那么就没有协作的可能，公司也就难以发展，最终受伤害的还是华为的员工。

任正非说："要把可以规范化的管理都变成扳道岔，使岗位操作标准化、制度化、简单化……按流程来确定责任、权利以及角色设计，逐步淡化功能组织的权威，组织的运作更多地不是依赖于企业家个人的决策。"

任正非重视流程，却不在意自己的话语权。他知道，流程建设需要所有华为人的共同努力，而不是上层领导说两句话就能成形的。只有员工自觉自愿地去尊重规则、遵守规则，公司才能拧成一股绳，才能团结一心地去追逐公司的各项目标。

正是因为了解规则和规则意识的重要性，华为公司很早就拥有了属于自己的半军事化管理方案。凡是通过层层面试，进入华为工作的员工，在正式入职之前都必须参加为期两周的半军事化训练课。

通过为期两周的全封闭训练，华为新员工不仅提升了体能，也深刻了解到华为的各种规章制度，并形成了强烈的规则意识。这对他们今后的工作和学习，都将产生巨大的裨益。

有一次，华为公司曾组织了一场规模较大的员工大会，与会员工超过了6000人。会议开始之前，任正非对员工提出了要求：务必保持会场的安静和整洁。

这场会议持续了4个多小时，但是会场中除了发言和鼓掌的声音，几乎听不到任何声音。散会之后，会场上没有留下任何垃圾，这让进入会场打扫的清洁人员异常震惊。

华为人的规则意识已经被深深刻进了头脑之中，这和华为长期以来坚持的军训有着密不可分的关系。军训的主要目的，其实就是为了培养员工的纪律性和遵守规则的意识。

职场是一个充满规矩的地方，无论是公司制度还是工作规定，员工都必须严格遵守。如果没有这种意识，就无法融入公司，甚至失去工作的机会。执行公司制度，是员工应该承担的责任和义务。主动强化规则意识，让自己变成一个具有较高职业素养的员工，公司就会对你无比欢迎。

按流程工作，减少不必要的损耗

任正非

建立流程化的组织，企业就可以提高单位生产效率，减掉了多余的组织，减少了中间层。如果减掉一级组织或每一层都减少一批人，我们的成本下降很快。规范化的格式与标准化的过程，是提高速度与减少人力的基础。

流程是工艺流程的简称，其具体的定义是："工业品生产中，从原料到制成成品的各项工作程序。"从中可以看出，流程贯穿于工业品生产的整个过程，是生产过程顺利进行的保证。

在任何一家公司中，流程建设都是不可或缺的重要工作内容之一。而且，通常来说，公司的流程建设都要花费很长一段时间，经过各种摸索、实践之后，才能最终成为一个较为完整和有效的体系。这个体系的最终形成和建立，对公司的发展和成长具有重要的意义，对员工个人，则具有节约时间、提升工作效率的作用。

任正非说过这样一段话："在法国的时候，我看到一个40多岁的人坐在计算机台上，就做补焊元器件。他的文化程度不低，我问他为什么不换换工作，多无聊，在这个岗位上做了20年。他讲了这样的观点：我干的工作时间越长，我越熟，我的技巧就越高，我干活的速度就越快，我挣的钱就越多，我就可以把我的别墅买得好一点，车买得好一点；如果我感兴趣，我下了班后，我想干什么就干什么去。"在一个工作岗位上待得越久，对流程化的工作就越熟悉，时间、精力等方面不必要的损耗就越少，工作起来的效率就越高。所以，对员工来说，尽快熟悉工作流程，按照相应的流程去工作，是一种非常明智的工作方法。

2009年，任正非发出过一项重要的指令：让一线直接来决策。

之所以有这样的指令，是因为任正非发现华为的流程化工作模式虽然取得了一定的成绩，但是随着时间的推移，华为设置的流程控制点越来越多，冗余的环节对员工之间的沟通产生了影响，降低了整体的工作效率。

在这场优化工作流程的改革中，华为人将流程化的工作戏称为"盲人摸象"。在"摸象"的过程中，有人负责摸象头，有人负责摸象耳，有人负责摸象鼻，有人负责摸象腿，有人负责摸象尾……每个人都有自己的工作，都按照相应的工作流程去做自己应该做的事情。然后，将所有人的工作综合起来，就构建出了完整的"大象"。

华为的这种工作方法，要求员工不仅要熟练地完成自己的本职工作，还要注意和其他同事的配合。每个人都各尽其职，一丝不苟地按照流程去展开工作，才能确保工作效率有所提升。

华为人坚持按流程工作，并因此取得了不菲的成就。但是，他们在流程化的道路上并没有一条道走到黑，而是随着环境和市场的变化，不断进行优化和改革，始终把构建最高效的流程当作自己的目标。

华为人的这种流程化思想值得每个职场人士学习，在工作中，一旦发现更好的流程模式，就可以尝试做出改变。找到更好的流程建设模式，是完善工作进程、提升工作效率的一种优良方式。

规范性的良好习惯，让工作事半功倍

任正非

我们与爱立信等大公司比什么？就是比效率、比成本，看谁能多活一口气。改进管理是一个持久持续的过程，不要太激进，如果我们每年进步0.1%，100年就能进步10%，持续长久改进下去是非常了不起的。

良好的工作方法，是企业持续发展的关键，也是员工提升工作效率的保证。近些年来，华为在持续进步。这其中不仅有每个华为人辛勤奋斗的功劳，也有良好工作习惯的推动。

古希腊哲学家亚里士多德曾说："种下思想，收获行动；种下行为，收获习惯；种下习惯，收获品格；种下品格，收获命运。"对于职场人士来说，良好的工作习惯对个人的成长和发展都有重要的意义。

任正非曾说："我们曾看到有些外国公司，一个月时间，就有三分之的新面孔出现，人才流动很大，但产品质量确保。因为他们的工作计划和流程都是高水平、规范化的。一个新任职人员，只要你能看明白程序，经过一个星期的培训就可以上岗，接替前任工作；如果操作过程中还有不熟练的地方，前后程序一拉，就把你带过去了，你就明白了。”

可见，流程化的工作方法，不仅对老员工有效，对新员工同样具有重要意义。养成规范化的工作习惯，让工作变得简单，掌握起来也事半功倍。具体来说，应该这样做。

1. 工作要有秩序

高效的工作，需要流程和秩序做保障。很多时候，秩序和规则一旦建立起来，人的思想中就会产生内在的约束力和自律性，从而对自己的行为产生监督作用。有了这种内在约束力，我们不仅可以有条不紊地完成自己的工作，还可以节约很多时间，自然而然地就提高了自己的工作效率。

2. 工作标准需要规范化

有的时候，有些员工尽管养成了按秩序工作的习惯，但是在实际操作中，难免会产生一些自己的想法。于是，他们便会选择放弃工作标准，转而以自己的思路去展开工作。在极少数情况下，这种尝试是正确的；在大多数情况下，他们的做法往往都是错误的。毕竟，工作标准是公司经过长期摸索才确定下来的一套工作准则，通常是适合大多数人和大多情况的。因此，坚持按规范化标准去工作，才能统一、高效。

在华为，对员工的基本要求是一旦开始工作，就必须按照工作的标准流程进行，并对每个环节展开有效的监督，以确保工作按计划展开。华为并不是让员工固守某种思维，而是在现有情况下，希望员工以最简单、高效的方式去工作。这是既符合公司要求，又符合员工个人利益的最佳工作法。

身在职场，即便每天都要做相同的工作，也要规范自己的工作习惯。只有这样，才能最大限度地激发自己的潜能，全面地展现自己的才能，并力求以最小的代价换取最大的利益，以高效的工作方式为自己赢取较高的业绩。

砍掉“不产粮食”的多余流程

任正非

学习也要有针对性，即使你说自己满腹学问，不能“产粮食”，有什么用？不能“产粮食”的流程是多余流程，不能“产粮食”的组织是多余组织，不能“产粮食”的人是多余人，要减掉。

每家公司都有自己的工作流程，也都需要所有员工去遵守这些流程。在所有人都遵照流程行事的前提下，公司才能高效运转起来。

如今，已经有越来越多的公司意识到流程的重要性，也有越来越多的员工体会到按流程工作的好处。所以，有越来越多的人愿意遵照流程，愿意按照流程去做自己的工作。这种遵守流程的意识，对员工的工作有莫大的好处。但是，一味地遵守流程，却不去思考流程是否真的适合自己和实际情况，也是一种愚蠢的行为。

许多事实已经表明，流程虽然是一家公司制定的工作准则，但是在具体实践中，我们会发现有些流程是完全多余的，是“不产粮食”的。

这类流程的存在，不仅不会对工作产生促进作用，反而浪费人的时间和精力，空耗很多资源。所以，流程并不是一成不变的，在不同的环境、不同的阶段，对一些没有必要存在的多余流程，完全可以直接将它们剔除。

在2008年的一次市场工作会议上，任正非说："我们要以为客户提供有效服务，来作为我们工作的方向，作为价值评价的标尺，当然是包括了直接价值与间接价值。不能为客户创造价值的部门为多余部门，不能为客户创造价值的流程为多余流程，不能为客户创造价值的人为多余的人，不管他多么辛苦，也许他花在内部公关上的力气也是很大的，但他还是要被精简的。"

任正非的话直白而简洁，精减人员，裁撤机构，为了更高效地工作，可以毫不留情地砍掉某些流程。虽然在某些人听来有些刺耳，但是从中可以看到他对流程建设的重视程度。

追求高效工作，始终是华为人的共同目标。每一名华为员工都将这视作自己的信条，只要能够实现高效的目的，华为人都愿意付出更多的努力。所以，他们会努力让自己成为流程中不可或缺的那个人。

华为员工对流程的坚持和追求，源于任正非对流程建设的执着和坚持。他曾说："我们建立了以客户需求为导向的公司发展目标，为了满足这个需求，后面所有的组织建设都应该是流程化的组织建设，这样才可以快速响应，同时又保持低成本。围绕这个目的来进行组织建设，需要什么就保留什么，多余的组织及人员都要裁掉，这样就会高效、低成本。”

追求高效和低成本，这是生意场上常见的情况，但是任正非这样做，并非为了追求个人的利益，他是希望降低成本，为客户带去更大的价值。一切以客户为中心，为客户创造最大的价值，这是所有华为人的共同理想和追求。为了客户，简化流程、砍掉多余流程，这是他们必须做，而且一定要做好的工作。

延伸阅读：以规则为主导

在华为之外的人看来，华为公司成功的秘诀也许有很多。但是在华为人的眼里，华为之所以能够取得今天这样的成绩，和他们坚持以规则为主导的理念是分不开的。

在任正非看来，人和所处的环境之间，必须以规则为主导，一名优秀的员工，应该努力适应工作环境和规则，而不是让环境或身边的同事来适应自己。

在华为大学里，每一名学员都会被讲师灌输遵守规则的思想，无论何时何地，华为人都要以遵守规则作为为人处世的准则之一。华为要求，每一名华为人都要遵守国家法规和公司的各项制度，违背国家和公司利益的事情，绝对不能做。如果认为公司制度有不合理的地方，可以向上级领导反映，但是在制度尚未修改之前，所有人都必须遵守原有制度。

从进入公司接受培训开始，华为人的规则意识就在逐步加强。他们接收到的很多信息，都在向他们传达“以规则为主导”这一理念。他们知道商场如战场的道理，没有强大的制度作为支撑，就不可能赢得最终的胜利。所以，每个华为人都自发遵守公司的各项规章制度，并以制度来约束自己。

身为职场人士，我们应该努力学习华为人尊重规则的思维方式，在工作中对各方面的法律法规、规章制度等，都一并遵守。这是一名职员的分内之事，也是必须做到的基础工作之一。

自我检查

1．对公司的制度有所不满时，你会消极对抗吗？

2．没有按照相应的规则行事时，你会产生愧疚感吗？

3．对于规则，你有怎样的看法？

第九章

高效执行：没有执行力，一切都是空谈

- 领导负责造大势，员工负责做实事
- 不打任何折扣，立即去执行
- 不仅要“做过”，而且要“做好”
- 公司怎么安排，就怎么去执行
- 没有良好的纪律，何谈高效执行

领导负责造大势，员工负责做实事

任正非

我们有务虚和务实两套领导班子，只有少数高层才是务虚的班子，基层都是务实的，不能务虚。

从任正非带领华为取得的成就来看，没人怀疑他是一个成功的商人。从华为的良好运营来说，任正非算得上是一个成功的管理者；从管理的角度来说，任正非有很多与众不同的想法，有的时候，他甚至是以先行者的姿态出现。

在任正非的某些观点得到验证之前，许多人觉得他的想法难以实现。但是当这些想法真正落地之后，他们才发现任正非的视野并非常人能够想象的。

任正非不止一次地强调过团队的重要性，团队中每个人都要各司其职，做好自己的本职工作，所有的力量叠加在一起，就能发挥最大的力量。在一个团队中，领导和员工所处位置不同，工作职责和范围也有所不同。

在华为内部，“上层做势，基层做实”的理念一直被践行。在任正非的眼里，员工分为高、中、低三个层级，不同层级的员工，有不同的工作职责。中高层人员主要负责制订工作计划，这就是做势；低层工作人员主要负责执行工作计划，这就是做实。

为了更高效地工作，每个员工首先要明确自己的职责和整体的目标，这样才能有的放矢地展开工作，为了最终的目标而集体奋斗。只有所有工作人员相互协作，才能最终顺利完成公司的目标。

在任正非看来，做实是公司所有工作中最重要的一环，所以他一直对那些实干家十分器重。他说：“我们要让那些只做原则管理、宏观管理，不深入实际、不对监管负责的干部下岗。要让那些做实的、认真负责的干部上来。”公司如果想要获得更大的发展空间，那么每个人都应该按照公司的要求脚踏实地地做事，坚定地执行公司做出的每一项决议，做一个全力以赴的执行者。

无论是在华为还是其他公司，没有一个领导不喜欢那些执行力强的员工。毕竟，公司制订的所有计划、做出的所有工作安排，都希望最终能够实现，这样才能推动公司的发展。如果上层已经做势，下层却不做实，那么这些计划和安排都无法落实下去，做势也就成了无用功，没有任何意义。

在通信行业里，有很多公司都在寻求更大的发展，但是，大多数公司都没能如自己所期望的那样逐步成长起来。这是为什么呢？是因为那些公司的员工没有高效的执行力。虽然上层也有规划，也有目标，但是下层在执行的时候，往往没有严格按照规划行事，或是对规划的理解不到位，结果导致好好的计划半途而废，给公司带来了巨大的损失。

无论什么时候，员工的首要任务都是严格按照公司的要求做好自己的本职工作。如果你是中高层员工，那么你就负责做一些制订战略规划等宏观上的事情；如果你是低层员工，那么你就负责实施计划。具体该做什么工作，则是由你的位置和职位决定的。但是无论该做什么工作，都要严格按照公司的要求去执行。

如果中高层人员凡事都要亲力亲为，那么整个公司就会是一盘散沙；如果低层人员不去落实计划，反而要去做中高层人员该做的事情，那么整个公司就会乱套。所以，要想为公司的发展做贡献，要想提升自己的业绩，首先就要搞清楚自己的定位和职责，该做势的就做势，该做实的就做实。

不打任何折扣，立即去执行

任正非

不服从分配就是麻雀，就是小奋斗者。你还把他当鸿雁配股？这就是干部管理错误。

在公司发展的过程中，管理制度是成功的关键因素之一。任何一家公司，要想长盛不衰地稳定发展，都需要严格的管理制度进行约束。但是，仅仅有制度还不够，还需要强大的执行力作为保障。

现代社会，各家公司对制度的建立有了越来越多的要求，在制定规章制度时，都力求尽善尽美。然而，很多时候，制度执行的情况与公司最初的设想有很大的出入。这让很多制度虽然看起来很完善，但是在实际工作中并没有任何意义。之所以出现这种情况，有的时候并不是因为制度本身存在巨大的漏洞，而是因为员工的执行不到位。没有执行力，一切完善的制度都是废纸一张，公司也会在激烈的竞争中掉队甚至消亡。

在华为，强大的执行力是制度发挥作用的基础保障。华为的管理者不仅要把公司制度做到尽善尽美，而且对员工的执行力也有着严格的要求。一旦形成某种制度，产生某种决议，无论有多大的困难，员工都必须立即去执行，而且要不折不扣地全部执行。

华为发展初期，也曾因员工执行力不够而遭遇困境。由于对制度理解不到位，很多员工对自己的工作和职责都很模糊，以至于给客户带来了不好的消费体验，被客户投诉的情况屡见不鲜。

任正非意识到问题的严重性，因此数次向员工强调高效执行的重要性。随着员工执行力的提升，客户对华为的满意度越来越高，华为的业绩和市场占有率也越来越高。

在公司发展了十多年之后，任正非说："我们以前说的做不到，或是做到了却要打折扣，现在开始说的和做的差不多了，比较吻合一致了，比较能够自圆其说了。我们的企业核心价值观所确定的我们企业内在的组织流，经过不断自我优化自成体系，一旦能自圆其说之后，即使现在的领导人不在了，这个组织流也不会终结，仍将如长江长流不息，新的企业后继人，势将顺应、继承和管理这个组织流永远长流下去，我们的华为公司怎么会垮掉呢？"

任正非对华为的自信，源于他对公司制度及员工执行力的信任。华为人已经将执行力视作公司发展的基石，即使遇到再大的困难，立即执行都是华为人的第一选择。正是这种强大的执行力，让华为比其他公司有了更大的优势。

职场中的很多人，并不是没有执行力，而是对执行的认知不够正确。他们习惯性地站在自己的角度上去思考问题，而没有将公司的利益放在首要位置，这就导致他们总是喜欢“有保留”地执行公司指令，希望给自己留出一定的空间和余地。实际上，坚决而准确地执行公司指令，是一个职场人士的基本职业素养。如果连这一点都做不到，就很难在职场立足。

不仅要“做过”，而且要“做好”

任正非

尽心与尽力，是两回事。一个人尽心工作与尽力工作，有天壤之别。

在职场中，我们常常遇到这样一些人，当你向他们询问安排的工作做得怎么样时，他们会说“我做了”，而不是说“我做好了”。表面看来，他们确实执行了某项指令，但从实际效果来说，并不令人满意。

也许有些人认为这只是一种习惯性的表达方式而已，并不能代表他们没有做好工作。但是很多事实已经证明，只追求“做过”的员工，往往无法取得优秀的业绩。其中的缘由，其实也很简单：从心理层面来说，他们更在意“做过”，对“做好”的关注则没有那么多；只要做过了，他们就觉得完成了任务，至于做没做好，他们根本就不在乎。

很多时候，有些员工分不清楚“做过”和“做好”之间的差别。“做过”只是一种简单的状态，并不能表现他对工作的投入程度；而“做好”才是对工作精益求精的追求，表现的是愿意为工作奉献一切的态度。身为一名员工，面对工作时仅仅追求“做过”肯定是不够的，只有追求“做好”才是优秀员工该做的事情。

任正非说过这样一段话：“有些员工不负责任，老说流程改了，又有新规定出台而推诿，这样的人就是不尽心的人。每个员工接到他人的求助时，都要尽力去想办法，积极主动地去解决问题，不能让求助的人自己去想办法。尽心工作和尽力工作是有本质区别的，这种区别在评定中一定要体现出来。”在华为公司的内部考核中，尽心和尽力是两个完全不同的概念，“做过”和“做好”在本质上也是完全不同的。

做工作或是把工作做完，是员工的基本素养，它能体现的，不过是执行任务的基本态度，至于把工作做到什么程度，产生了多少价值，并没有真切地体现。比如做推广活动，有些员工只是把传单发到客户手中，至于客户对产品持什么态度，或是客户有没有疑问，他们都不关心；有些员工则在发放传单的时候，向客户介绍产品的优点、特质等。从表面看，这两种员工都在执行推广产品的指令，但是从区别上说，前者属于“做过”，后者才属于“做好”。而从最终的效果来说，无疑是后者更好一些。

华为创业初期，员工有限，为了完成大量的工作，很多员工经常加班加点，有些甚至就住在公司。但是，有些员工虽然看起来很努力，一直在做工作，但是最终的效果实际上并不好。之所以如此，就是因为很多员工认为所谓的执行就是努力工作。这种错误的认识，让很多员工选择埋头苦干，只是盲目追求工作的数量，而忽略了工作的质量。而实际上，“做好”比“做过”更重要。正是这一个字的差别，让华为人在最初创业的那几年走了不少弯路。随着华为对执行力认知的改变，华为公司也越来越强大，越来越高效。

华为人对“做好”的执着追求，对很多职场人士来说有很积极的借鉴意义。那些只求“做过”的人，很明显的一个特点就是责任心不强，他们觉得，只要完成了自己的任务，就一切都好，至于最终的结果好坏，跟自己并没有什么关系。这种敷衍的执行，其实并不是真正的执行，这些人也没有足够的执行力。

一个真正高效的执行者，往往同时兼具出色的个人能力和良好的工作态度，接到任务之后，愿意花费更多的时间和精力，力求将工作做到最好。只有这样的员工，才受领导和公司的欢迎；也只有这样的员工，才能真正为公司创造价值，同时也展现自己的价值。

公司怎么安排，就怎么去执行

任正非

反对我们平台流程的员工，不一定是不好的员工，但任何已经论证了的流程一定要落地，遵从执行，才知道它的问题，才能提出改进与优化的建议，才有可能推动优化与改进。我们不能讨论得没完没了。

公司制定规章制度的目的，就是要约束和规范员工的行为，公司的各种规章制度越规范，执行起来就越有据可依、越简单便捷，员工的行为也就越规范。

华为之所以能持续发展和进步，就是因为员工愿意遵守公司的各项规章制度，对于公司的各种安排，华为员工总是坚决执行。华为人能有这样强大的执行力，与公司长期以来一直坚持的企业文化有着密不可分的关系。

在任正非看来，强大的执行力来自服从，假如每个员工都有自己的想法，而对公司的安排充耳不闻，那么整个公司就会变得混乱不堪，随时都有消亡的危险。只有严格按照公司的要求，没有任何借口地去积极执行，才能看到工作的成效。

华为在全球很多国家都有业务，有时会遇到许多难以想象的困难。

一次，华为的一个项目小组在玻利维亚执行任务。由于客户时间有限，他们要求华为项目组在3天之内把基站建成并开通。虽然基站需要建立在热带雨林区的一个山顶上，但是华为项目小组的成员并没有退缩，他们决定按照公司的要求，保质保量地完成这项任务。

然而，项目小组的成员还是把工作想简单了。当他们来到山下的时候才发现，通往山顶的路是一条只能容两个人通过的羊肠小道。在这样的条件下，要想用货车将设备运到山顶显然是行不通的。

该怎么办呢？对客户的承诺不能轻易改变，那就只能另想办法。有人提议用直升机运输，但是考虑到成本太高，超出了公司的承受能力，这个方法只能放弃。最后，有人提议用人力把设备搬到山顶。很多人对这个提议提出质疑，毕竟不带任何东西上山都是一件很困难的事，更不要说还要抬着沉重的设备了。可是，确实没有其他的办法了。于是，项目小组的成员决定抬设备上山。由于人手不够，他们在当地雇用了一些年轻力壮的人，大家一起搬运设备。

一群人从凌晨就开始工作，直到晚上9点多才把所有的设备运送到山顶。尽管体力已经几乎耗尽，但是项目小组的成员在稍作休息之后，便投入到安装工作中。毕竟，客户要求的3天期限将近，他们只能强忍着劳累，以最快的速度进行安装。

终于，在3天之内，华为项目组完成了自己的工作，受到了客户的赞扬。

许多时候，工作的难度都是超乎想象的。但是，无论有多大的困难，在接受工作之后，都要想方设法地去执行，凡事以公司的安排为准，按照公司的要求将工作做到最好，这是每一名员工都应该做到的事情。

谈到员工的执行力时，任正非说："权威管理的总体原则就是按照公司已经形成的政策努力去贯彻执行，贯彻执行的过程中由于员工的理解不够，需要进行沟通，沟通后员工还不理解，员工只有执行，这就是权威管理。但是如果不沟通就要员工执行，我认为主管做得不够。"可见，任正非虽然对员工的执行力有很高的要求，但是他强调先沟通后执行，而不是一开始就强迫员工执行，这是一种比较人性化的管理方式。

对于员工来说，领导的人性化管理并不是降低执行标准的理由。能理解公司的安排，执行起来更简单；理解不了公司的安排，那就边执行边尝试慢慢理解。对于一名优秀的职场人来说，在工作中无论公司有怎样的决策，自己都要无条件地执行。毕竟，员工需要服从公司的安排，照顾公司的大局，这样才能在公司中有所发展，才能实现更多的自我价值。

没有良好的纪律，何谈高效执行

任正非

一个组织要有铁的纪律，没有铁的纪律就没有持续发展的力量。华为最优秀的一点，就是将十七万员工团结在一起，形成了这种力量。

所谓“国有国法，家有家规”，任何一家公司都有属于自己的规章制度，华为公司自然也不例外。身为华为的员工，华为人深知遵守公司制度的重要性。只有保持良好的纪律性，才能具有强大的执行力。

军人出身的任正非，对组织纪律有着更多的认识和更深刻的理解，他认为，组织纪律性是任务完成的重要前提条件。所以，多年以来，华为一直推行半军事化管理，新员工入职之后，都会接受两周的培训，接受军事化理念的熏陶。

华为对纪律性的追求，是其企业文化的重要组成部分。在华为人看来，纪律是员工发展事业的基石，也是员工走向成功的基础保证。一名员工只有将良好的纪律性视作自己的工作原则，把纪律当作一件十分重要的事情，并时刻提醒自己不能违反纪律，才有可能成为一名于公司有用的员工，才有机会在公司证明自己的价值。

华为之外的一些公司，之所以出现企业文化缺失的情况，并不是因为没有好的建议和理念，也不是因为找不到共同的价值观和文化理念，而是因为员工在践行企业文化时，缺乏良好的纪律性，无法很好地遵守公司的规章制度，结果导致员工之间缺乏统一性，进而使得企业文化变得畸形。

没有统一的企业文化，员工在工作中就没有统一的工作标准和准则可以依据，这就使得无论是公司管理还是员工的自我管理，都难以形成足够的约束力。长此以往，员工的执行力和工作效率都会降低，这对公司来讲将是巨大的损失。

在工作中，良好的纪律往往是执行力的保障，纪律性明显不足的公司或个人，其执行力也会相对较低。员工要有强烈的纪律意识，才能明确自己的工作职责，并尽力承担起相应的责任。

任正非对纪律性的坚持和执着，源自他在部队的生活，部队生涯对他的影响，可以说是长久而深刻的。对自己的员工，他曾说："军队的方式是一日生活制度、一日养成教育，就是要通过平时的训练养成打仗的时候服从命令的习惯和纪律。我们虽然不是军队，但也要有这种日常练兵的教育。"在军人的眼中，服从命令是自己的天职，在职员眼中，又何尝不是如此。一家公司能发展到何种程度，能获得多大的成就，与员工的纪律意识有着密不可分的关系。员工愿意遵守公司的规章制度，就能练就强大的执行力。反过来说，只有强化员工的纪律意识，让员工按照纪律工作和行事，才能逐步提高员工的执行力。

华为在制定规章制度之前，往往会听一听员工的声音，看看他们对规章制度有什么看法。在规章制度确定之前，员工可以提出自己的改进意见，而一旦制度确立，那么员工就要严格执行。正是有了严格的纪律作为保证，华为人的执行力才越来越强，工作效率才越来越高。

身在职场，执行公司的决议是基本素养之一。要想提升自己的执行力，先从遵守公司的纪律开始。有了公司纪律作为工作的准绳，你就不会偏离目标，执行起来就会轻松许多。

延伸阅读：适合的管理方式，带来强大的执行力

不知从什么时候开始，“执行力”成为许多企业家嘴边上最常挂着的三个字。在很多会议上，“如何提升执行力”这个问题都成为大家关注的重点。

然而，许多企业家对执行力的认知并不充分，导致他们手下的员工对执行力也是一知半解。不管是设计还是销售，只要某个环节出现了问题，很多人的第一反应就是“执行力不够”“执行不到位”等。实际上，执行力并不是喊出来的，也不是随便套用别人的经验就能得到的。

一般来说，每家公司的制度、运作方式都不一样，所以很多工作具体执行的方式也不一样。在执行的过程中，虽然可以借鉴别人的成功经验，但最重要的还是要找到适合自己的一套办法。

不得不承认的一点是，在国内企业中，华为是佼佼者，华为员工的执行力，与其他企业的员工相比，同样处于领先地位。华为员工之所以有强大的执行力，主要是因为它有一套适合自己的管理制度。华为公司很早就开始引进国外先进的管理经验，并结合公司的具体情况进行了相应的改良。这让华为不仅能与国际化的公司接轨，也有了属于自己的管

理方式。

适合华为员工的种种管理方式，让华为员工产生了强大的执行力。这种执行力带来的显著效果，就是华为员工对工作的要求越来越高，越来越精益求精。华为员工的这种追求，为客户带来了越来越好的消费体验和越来越多的价值。

自我检查

1．你对自己的执行力感到满意吗？

2．你觉得强大的执行力源自哪里？

3．你想过怎样提高自己的执行力吗？

第十章

创新理念：只推动有价值的创新

- 站在前人的肩膀上去创新
- 从细节出发，于细微处开始改进
- 高效能创新的五种思维习惯
- 由“技术导向”转为“客户导向”
- 借别人之力，进行“开放式”创新

站在前人的肩膀上去创新

任正非

我们不强调自主创新，我们强调一定要开放，我们一定要站在前人的肩膀上，去摸时代的脚。我们还是要继承和发展人类的成果。

在通信行业，各种新技术、新设计层出不穷，想要拥有一席之地，甚至是占据领先位置，创新是一个不可忽视的关键。华为之所以能占据通信行业领军者的地位，与其一直坚持创新的理念有着密不可分的关系。

在华为，每名员工都将创新视作分内工作。在他们的思维中，总是存在“创新”两个字。华为人愿意创新、坚持创新，华为公司支持创新、鼓励创新，在创新上投入了大量的人力和财力。华为对创新的投入程度远超同类公司，而创新也给予了他们相应的回报。

华为虽然支持创新，但是对盲目创新非常抵触。关于这一点，任正非说："创新只是手段，创新不是目的，一定要搞清楚。胡乱创新，增加自己的困难，也增加了别人的困难。千万不要盲目创新，更不要强调自主。凡自主就会有狭隘之嫌，就会造成我们这个部门、这个产品线不去和别的部门和产品线共享。"

在任正非看来，创新不必非得全部自主研发，完全可以借鉴别人的先进技术和经验，站在前人的肩膀上去创新，这样既合理利用了资源，又节时省力。具体而言，华为公司常常这样做。

1. 让强者流动起来

在华为公司，如果一个部门有两个以上的创新型优秀人才，也就是所谓的"强者"，那么公司就会选择将"多余"的强者分配到其他部门，让他去带动其他部门的创新活动，提高整体的创新效率。

这些强者就是普通员工的导师，他们负责将自己的创新理念和经验传播出去。毕竟，一个人的创新能力无法代表全部，而团队、整体的高效创新才会给公司带来更多的活力。

2. 在原有基础上创新

一说起创新，很多人首先想到的就是推翻过去的一切，从头来过。实际上，创新并不是全盘否定之前的工作，而是要在原有基础上创新，也就是先保持稳定，再寻求创新。在华为公司，这种创新思维是极为普遍的，因为他们从不会把自己置于不确定的风险之中。

任正非曾不止一次地强调员工一定要站在巨人的肩膀上前进，不能过分狭隘地自主创新，而要坚持持续性的稳定创新。这是任正非对待创新的态度，也是华为人一直坚守的创新理念。

作为一名员工，创新是工作职责所在，坚持创新是一种积极的工作态度。但是，创新并不是光有态度和行动就够的。创新活动需要遵循一定的规律和方法，需要一步一个脚印地前进。

创新本身就具有一定的风险，如果不能保持稳定，这种风险就会成倍地加大。对于员工来说，冒着巨大的风险却可能什么都得不到，这是非常不值得的，没有任何的意义。站在前人的肩膀上，在原有的基础上做出一定程度的创新，这才是比较稳妥的创新方式。

从细节出发，于细微处开始改进

任正非

你们还要特别注重向别人学习，看看你身边的老员工是如何做的，学明白了再去创新，一点一滴、一步一步走向成熟。

任正非说："创新不是推翻前任的管理，另搞一套，而是在全面继承的基础上不断优化。从事新产品开发不一定是创新，在老产品上不断改进不一定不是创新，这是一个辩证的认识关系。"在任正非看来，创新的关键在于不断优化，哪怕只是微小细节上的改变，也是创新的一个关键部分。

然而，在某些员工的意识中，创新就是在原有的基础上进行大刀阔斧的改造，只有变得跟之前大不一样，才能看出创新的效果。实际上，很多创新都是从一个个的小细节上开始改进的，从小到大、循序渐进地逐步改善，最终实现较大的改变。有的时候，或许只是一个小小的改变，就能带来意想不到的良好效果。

2014年，华为P7手机上市。这款手机拥有6.5mm的超薄机身，设计独特，无论是外观还是功能，都算得上是华为当年最震撼的一款智能手机。

然而，设计师在设计华为P7手机插槽的时候，也曾遇到过困难。华为P7手机拥有双卡双待的功能，因此要设计两个SIM卡的插槽，再加上一个外置内存卡的插槽，那就要设计三个插槽。可是，华为P7手机超薄的机身上，并没有足够的空间去设置三个独立的插槽。而且一旦设计如此多的插槽，势必影响手机的整体美感，很可能引起消费者的反感。

华为设计师们通力合作，最终想到了解决办法——把其中一个插槽设计成多功能实用插槽。这个插槽不仅能读取SIM卡，还能在双卡双待的情况下插入内存卡。

这一细节上的创新，不仅满足了消费者对双卡双待功能的需求，也实现了手机的大容量存储，真可谓一举两得。

有人曾经说："创新并不等于高新，创新体现在产品的每一个细节上。"华为P7手机只是在一个细节上做出了一些改变，就给消费者带来了良好的使用体验，虽然看似简单，但从本质上说，这就是创新。

对于任何一个想要不断发展壮大、长期生存的公司来说，创新都是必须走的一条路。华为公司每年在创新上投入大量人力和财力，这才保证其始终走在通信行业的前端。华为人深知，要想在竞争日益激烈的市场上站稳脚跟，就必须脚踏实地地追求创新。只有不断创新，公司才能源源不断地得到发展活力，拥有更强的生命力和竞争力，从而保证公司能够长期立于不败之地。

华为人坚持创新，但是并非一定要追求大的创新，他们更喜欢从细节做起，在细微之处开始改进。对于他们来说，每一个细节都有可能是创新诞生的土壤，能把每个小细节做到极致，那就是创新。

同样身为员工，华为人对待创新的态度值得我们学习。如果我们只是将目光放在大的创新上，那不知不觉间我们就会忽视许多细节。而这些细节，恰恰可能决定创新的成败。所以，无论细节多么不起眼，都应该加以重视。所有的细节叠加起来，就会实现从量变到质变的转化，从而为公司创造更大的价值。

高效能创新的五种思维习惯

任正非

在创新的过程中，我们要在有限的生命里，吸取更多能量，缩短和节省创造财富的时间和精力。如果别人合理收取我们一点知识产权费，其实相对更便宜，狭隘的自主创新才是贵的。

曾有通信制造商的高层管理人员这样评价华为："在过去的20多年里，全球通信行业中最爆炸性的事件就是华为的崛起，华为凭借价格和技术的破坏性创新，彻底颠覆了通信产业的传统格局，从而让世界上绝大部分普通人享受到了低价优质的通信信息服务。"

用"破坏性创新"来形容华为的创新，可见华为的创新对市场造成了多大的冲击，给通信行业的同行带来了多大的震撼。然而，华为人对自己的创新却没有这么大的感触，在他们看来，创新不过是自己工作的一个组成部分而已。也可以说，华为人追求的创新，和其他公司追求的创新是不一样的。

在华为，创新已经成为一种固有的意识，是华为人高效工作的保障之一。进行创新活动时，他们通常会有五种比较常见的思维习惯。

1. 积极主动

积极主动是对自己和公司负责的一种体现，任何高效工作的秘诀都离不开它。在创新方面更是如此，如果不能积极主动地去发现和创造，就没有创新的机会，也就无法获得新的突破和成就。

2. 量化目标

做任何工作之前，都要有一定的目标和愿景。华为人在创新的时候，同样坚持这种工作法。他们会在不同的阶段给自己设置具体的创新目标，以此量化自己的目标，让自己的创新更加有据可依且能取得较高的成效。

3. 团队为重

开展创新活动时，华为人首先想到的并不是如何提升自己的工作效率，而是如何提升团队的整体工作效率。他们觉得，创新不是个人的事情，也不是个人的成绩，只有将团队放在重要的位置，才能真正有所突破。

4. 协同合作

在创新的过程中，华为人善于与人协同合作。无论对方是同事还是竞争对手，只要于创新有益，都可以是合作的对象。

5. 持续改善

在华为，创新是一个不间断的过程，这就要求华为员工持续改善自己，以不断适应新的变化和更高的工作要求。而这一思维习惯，也是另外四个习惯能够高效实施的基础。

华为人一直坚持带着这五种思维习惯去创新，这让他们的创新始终有章可循，创新过程变得更加顺畅，创新结果变得更加丰富。可以说，正是这五种思维习惯，让华为人生产出一个又一个的创新产品，赢得了广大的市场。

对于任何一项工作、任何一名员工来说，创新思维都是不可或缺的，不断尝试创新，才能找到更高效的工作方法，才能为自己的工作带来更多的便捷，为公司创造更多的价值。

由“技术导向”转为“客户导向”

任正非

创新是要有理论基础的。如果没有理论的创新，就没有深度投资，很难成就大产业。理论上要想有突破，首先一定要保护知识产权，才会有投资的积极性，创新的动力。

在华为人的意识中，高效创新的标准是客户的需求能够得到满足。任何一项创新活动，都要与客户的需求联系起来。如果创新无法得到客户的认可，那么即便做再多工作，花费再多时间，耗费再多精力，也都没有任何意义。因此，华为人一直坚信，创新要从客户的需求出发，为客户生产最新的产品。

任正非曾指出：“华为的产品开发最大的问题就是简单的东西做不好，而复杂的东西却做得很好，这是为什么？简单的东西大家都不愿意去做。这是典型的以技术为导向，而不是以客户为导向。”任正非对创新的这种理解，是所有华为人共同的认知。华为创新的基础理念是牢牢抓住市场需求，以客户需求作为创新的导向。

在华为发展初期，如何创新是让华为人头疼的一个大问题。一是因为资金不足，二是因为没有经验。所以，华为人只能摸着石头过河，经过十多年的发展，才确定了如今这个以客户为导向的创新模式。

在华为，技术型人才随处可见，他们的高效工作和个人价值并不是体现在攻克技术难关上，而是体现在满足客户需求上。

在很多科技型企业中，以技术为导向是一个通病。很多技术型员工每天加班加点、费心费力地在技术革新方面下苦功，但最后呈现出来的产品却无法赢得客户的认可，这让那些技术型员工倍感无奈和委屈。

更有甚者，有些技术型员工对技术创新已经到了偏执的地步，自认为技术方面的创新才是产品之本，客户不满意只能说明客户对技术的需求没有那么高，或是他们对技术的理解不到位。员工出现这种想法，就说明他们对创新的认识产生了偏差，他们最终走向失败，是非常让人惋惜的。

实际上，在技术型企业中，技术创新当然是必不可少的。只不过，技术创新要排在满足客户需求的后面。要改变以往“以技术为导向”的创新意识，而转为“以客户为导向”展开创新活动。

在华为公司，也有一些坚持将技术作为创新导向的员工，他们痴迷于技术，而忽视了客户的需求。部门主管一旦发现这样的情况，就会再三强调客户需求的重要性，让他们从思想意识上做出改变，明白产品是为客户服务的，而技术是为产品服务的。如果是在客户并不需要的技术上做创新，那就是一种无谓的浪费。

在具体工作中，华为人会做到以下两点，从而为客户提供他们需要的创新。

1. 听取客户的意见再创新

在进行某项创新之前，华为的技术研发人员会和客户进行沟通，听听客户对这项创新的看法。如果客户觉得这项创新十分必要且非常吸引他们，那么技术研发人员就会竭尽全力去做好这项创新；如果客户觉得这项创新没有什么价值或吸引力，那么这项创新的提议就会被搁置甚至废除。

2. 跟着市场走

华为的每一个员工都对市场有一定的了解，根据市场的不同变化，去做相应的创新，这样才能更大限度地满足客户的需求，生产出更吸引客户的产品。

对于华为人来说，任何一项创新都要建立在满足客户需求的基础上。只有满足客户的需求、符合市场规律的创新，才是有价值的创新。

在如今的市场上，客户已经成为主导。我们要将客户需求作为创新的导向，而不能仅仅依靠技术和质量取胜。这并不是说技术和质量已经不再重要，而是说要在满足客户需求的前提下，再去考虑技术革新和质量的提升。这是市场的规律，我们必须遵循。

借别人之力，进行“开放式”创新

任正非

我们在创新的过程中强调只做我们有优势的部分，别的部分我们应该更多地加强开放与合作，只有这样我们才能构建真正的战略力量。

在很多公司坚持自我创新、自我发展的时候，任正非却走了一条与众不同的路。他坚持创新，但是并不坚持一切都靠自己研发，而是提倡利用现有的资源，借助别人的成就，去展开自己的创新。

在任正非看来，创新需要的是融合、开放，而不能只是闭门造车。因此，他说：“为了更好地满足客户需求，建设百年教堂，平台必须坚持开放与创新。一个不开放的文化，就不会努力地吸取别人的优点，是没有出路的。一个不开放的组织，会成为一潭死水，也是没有出路的。我们在产品开发上，要开放地吸收别人的好东西，要充分重用公司内部和外部的先进成果。”

既然别人已经有了先进成果，就说明他们已经抢占了先机，拥有了优势。在这样的领域里，再去搞所谓的创新，简直就是在浪费时间。与其在这方面耗费精力，不如换个“车道”，在别人尚未有创新成果的领域做尝试，这样成功的概率相对更高一些。

在华为人看来，利用别人的先进成果，就省掉了自己进行研发的步骤和研发所需的资金，这样就能将精力和财力用在更先进的创新上，始终保证比竞争对手先进一步就行。所以，华为人从来不保守，他们喜欢张开双臂去拥抱开放，借助别人的力量去创造属于自己的创新产品。

任正非的眼光是远大的，心胸是宽广的。他深知，创新是时代的潮流，开放则是公司生存下去的必然保障。试想，当别人都在努力开放、融合的时候，你却要关起门窗，搞自己的一套创新，那么别人怎么会跟你保持合作，为你的创新贡献力量呢？

对于华为人来说，创新就是持续开放和融合的过程。这种理念已经深入每个华为人的内心之中。在任正非看来，借助别人的力量去展开创新活动，这并不是一件不光彩的事情，而是善用资源、高效工作的方式。他说：“求助没有什么不光彩的，做不好事才不光彩。积极主动、有效地进行求助，是调动资源、利用资源、实现目标的动力。积极、有效、无私的支援是低成本实现目标的最优管理。使资源充分发挥效能，需要文化氛围来启发人们共同奋斗的信念，并约束人们按规定支援。”

华为人不仅善于借助别人的力量，还会在别人需要帮助的时候积极给予支持，这种意识和华为的企业文化有着密切的关系。在工作中，华为人追求的始终是最高效的工作方法，任何费力不讨好的工作方法，都会被摒弃。借用现有的资源，进行“开放式”创新，就是这样一种高效的工作方法，所以它在创新活动中是很受欢迎的。

借用别人的力量，接受别人的帮助，并不意味着你的工作能力不行，反而说明你懂得借用外部资源，能够最大化地创造价值。在创新活动中，保持开放的姿态，积极借用别人的先进成果，是一种高效创新的工作法。

延伸阅读：注重知识产权保护

2015年，世界知识产权组织公布的数据显示，华为技术有限公司共申请专利3898项，位居全球专利申请榜第一位。

这一数据显示，华为的专利技术已经处于行业的领先水平。这些专利的存在，让华为产品拥有了更先进的设计和功能；这些专利的知识产权，则为华为带来了巨大的收益。

任正非对知识产权十分看重，他曾对中国知识产权保护现状发表过自己的看法："保护知识产权要成为人类社会的共同命题。别人劳动产生的东西，为啥不保护呢？只有保护知识产权，才会有原创发明的产生，才会有对创新的深度投资及对创新的动力与积极性。没有原创产生，一个国家想成就大产业，是没有可能的。即使就是成功了，也像沙漠上建的楼一样，不会稳固的。"

2016年，华为曾分别在美国和中国提出诉讼，指明三星公司侵权华为的部分专利。华为之所以这样做，就是为了保护自己的知识产权，自己的劳动成果不能被别人随意使用。任正非表示，华为始终坚持尊重和保护别人的知识产权，当然也希望别的公司能够尊重和保护华为的知识产权。

华为公司并不是要将专利占为己有，而是希望得到其他公司的尊重，他们愿意与其他公司签订交叉许可协议，一起努力推动通信行业的发展。最终，三星公司选择妥协，与华为签订了交叉许可协议，双方实现合作。

在国际市场上，有越来越多的公司愿意与华为签订交叉许可协议，这说明华为的专利技术已经逐渐得到了认可，华为公司的发展之路正变得越来越宽。

自我检查

1．你对知识产权保护有怎样的看法？

2．在你看来，专利产品对公司意味着什么？

3．你通常会以怎样的方式去保护自己公司的知识产权？

第十一章

弥补“短板”：每天都在进步，就是最大的成功

- 多问几个“为什么”
- “知本主义”：知识是前进的驱动力
- 借成熟经验提升自己
- 在自我批评中持续完善自我
- 不要自我设限，每天进步一点点

多问几个“为什么”

任正非

我们要求高中级干部及一切要求进步的员工，要在业余时间学习，相互切磋，展开有关讨论及报告会。

亚里士多德说过：“思维是从疑问和惊奇开始的。”当我们对某件事情或某些物品产生疑问时，大脑就会开启思考模式，尝试破解那些让我们感到疑惑的谜团。在不断思考的过程中，我们的大脑持续得到锻炼，思路不断得以拓展，个人能力和工作水平也都会有相应的提高。

在华为公司，“多问几个为什么”是一条重要的生存法则。许多与华为员工接触过的人，也都发现华为员工非常喜欢提问题。这显然与人们的通常认知有很大的差异，因为在一般人看来，提问是因为对某些方面了解不多，提问过多会给人留下知识贫乏的印象，对公司的形象也会产生影响。但是，华为人并不这样想，面对不懂的东西，他们的第一想法是努力把它们学会，而不是考虑问“为什么”对自己的形象会产生什么影响。

这样的思维方式，与任正非要求员工不断学习有着紧密的联系。他常说："人生苦短，青春宝贵，不要蹉跎了岁月！你梦想成大事，就一定要有头悬梁、锥刺股的精神。我们羡慕你们年轻，我们不像你们有这样好的学习环境、条件和机会。你们这么年轻，如果不抓住机会，你们将来人生的悔恨就比我厉害。'少壮不努力，老大徒伤悲'，一定要下狠心提升自己。"

只有通过学习，我们才能不断提高个人能力，多问几个"为什么"，多思考问题背后隐藏的深层次原因，才能一步步走向问题的核心，一点点发现问题的本质。

爱因斯坦说："提出问题往往比解决问题更重要。"如果你连问题都发现不了，还说什么解决问题呢？也就是说，只有先发现问题并把它提出来，才会有后面的分析、解决问题的过程。如果所有人都不去提出问题，那么我们只能在固有的思维里转圈。没有任何质疑，就没有任何突破，个人也就不会有任何的进步。

牛顿被苹果砸到的故事相信很多人耳熟能详，苹果落地这一普遍的现象，让牛顿最终发现了万有引力定律。原因何在？就在于牛顿喜欢多问"为什么"。为什么苹果要往下落，而不是升到天空中去？这样的疑惑引导着牛顿一步步走向科学的真相，最终功成名就。

在工作中，我们同样需要质疑的精神。因为问得越多，就越接近问题的本质，越能发现进步的方法。

在华为，多问几个"为什么"是员工习以为常的高效工作法之一。通过提问，华为人学到了更多的知识和经验，掌握了更多的产品信息，这一切，都让华为人一天比一天更优秀、更成功。

在工作中，提问并不会自降身价，反而能够体现谦卑的态度和强烈的求知欲。而求知欲强的人，往往也有较强的上进心，他们对工作目标的追求也比一般人更高一些。从实际效用来看，多多提问不仅能让人迅速弥补不足，还能让人更早地发现自身存在的问题，更多地掌握工作技巧。从这些方面来说，多问“为什么”是提升工作效率的一个极佳方法。

“知本主义”：知识是前进的驱动力

任正非

随着时代的进步，特别是由于信息网络给人带来的观念上的变化，人的创造力得到极大的解放。在这种情况下，创造财富的方式主要是由知识、由管理产生的，也就是说人的因素是第一位的。

1998年，在《走出混沌》这篇文章中，任正非指出：“对一些高科技产业，人的脑袋很重要，金钱资本反而有些逊色，应多强调知识、劳动的力量，这就是知识资本，我们称之为‘知本主义’。”

任正非给“知本主义”下了这样一个定义，在他看来，像华为这种以通信技术为主体的技术型企业，金钱资本的重要性，远远比不上知识和头脑。有了知识，企业的技术水平才能不断提高；有了知识，企业的管理才能持续不断地完善。所以在华为公司，任正非一直强调知识的重要性，要求员工坚持学习，持续进步。

在《华为的红旗到底能打多久》中，任正非强调：“我们这个时代是知识经济时代，它的核心就是人类创造财富的方式发生了根本的改变。随着时代的进步，特别是由于信息网络给人带来的观念上的变化，使人的创造力得到极大的解放，在这种情况下，创造财富的方式主要是由知识、由管理产生的，也就是说人的因素是第一位的。这是企业要研究的问题。”

随着企业对人才重视程度的不断提高，很多员工对某些企业的忠诚度却不断下降。一方面是因为市场上有很多同类型的公司，员工有了更多的选择；另一方面则是因为企业无法为员工提供足够多的机会或是足够大的平台。而在华为公司，这样的困扰基本不会出现，华为员工以在华为公司工作为傲，他们通常不会主动离开公司。

对华为员工来说，公司里有很多可以学习和成长的空间，能不能达到自己的目标，就看自己的努力程度了。对此，任正非说：“知识是劳动的准备过程，劳动的准备过程是员工自己的事情，是员工的投资行为。”

无论在哪家公司，坚持学习和不断进步都是员工的本职工作之一，只不过，有些员工在获得一份稳定的工作之后，便失去了前进的动力，只靠自己之前的积累来应付眼前的工作。这样做的后果，往往只有一个，那就是这些员工最终被公司淘汰。

要想在一家公司长期立足，甚至升到更高的职位，就要将学习放在重要的位置，如华为员工一般坚守“知本主义”。具体而言，华为员工会这样做。

1. 掌握专业知识和技能

无论从事什么行业，身处什么工作岗位，专业知识和技能都是一名员工应该好好掌握的。毕竟，人的能力是有限的，做一名专才显然比做全才更加容易一些，一心一意钻研专业，才能更好地完成自己的工作。

2. 向对手学习

在激烈的竞争中，只有更多地了解对手的情况，才能做出针对性的部署，以便战胜对方。主动学习对手的优势，以此来增强自己的实力，这样才能让自己不断进步，最终超越对方。

3. 弥补薄弱环节

每个人都会有劣势，这没有什么可自卑的。关键在于如何通过学习去弥补自己的不足，让自己变得更加优秀。在日常工作中，多多进行自省，发现不足并及时改正，才能不断获得进步。

在知识经济时代，人们对知识的需求越来越多，重视程度越来越高。在职场中，谁能更加积极主动地学习，谁就能更快地提升自己；谁能用知识更好地武装自己，谁就能在工作中占据领先位置。

借成熟经验提升自己

任正非

我们要善于把成熟的经验归纳起来，固化成流程和工具，使它可以传承下去，并逐步将它自动化，减少人工消耗。

曾经有人专门针对成功人士做了一项调查，大部分的受访者都表达了相同的观点，那就是他们在职业生涯早期所经历的挫折、失败等，对他们日后的成长和发展有着非常深远的影响。而且，这项调查也显示那些善于从别人的经历中吸取经验和教训的成功人士，往往成功得更早、更轻松。其中的原因很简单，他们通过别人的经历，发现了更快到达成功彼岸的方法。

一般来说，成功人士都很擅长总结经验，不仅总结自己的，还总结别人的，而且很喜欢借助别人的成功经验来提升自己，所以牛顿才会说："如果说我比别人看得更远些，那是因为我站在了巨人的肩上。"

在华为人的意识中，别人的经验都是有益的，无论是成功经验还是失败经验。其中成功经验尤其值得借鉴。在任正非看来，无论是企业还是个人，都不可能只靠自己去成功，而应该合理地借用别人的智慧，这才是成功之道。

在《活下去是企业的硬道理》中，任正非有这样的观点：“华为公司从一个小公司发展过来，是在中国发展起来的，外部资源不像美国那样丰富，发展是凭着感觉走，缺乏理性、科学和规律。因此，要借助美国的经验和方法，借用外脑。”任正非看到了华为公司发展的不足，于是决定向西方公司学习先进的管理经验，以免自己走过多的弯路。

1997年，任正非一行人特意去了美国。他们访问了思科、IBM（国际商业机器公司）、惠普等几家国际性的大公司，希望从他们那里引进先进的国际管理经验。

在这次美国之行中，任正非不仅特意了解了IBM的产品开发模式、供应链管理等，还与IBM签订了合作协议，聘请了数十位专家帮助华为进行一次全方位的管理革新。

在这次美国之行之后，华为公司开始进行全面的管理改革，通过引进先进的管理方式，让公司的运转变得更加顺畅和高效。

在任正非看来，华为公司吸收别人的先进经验并没有什么不妥之处。这主要是因为国外的一些经验比国内企业更加先进，借助他们的经验不仅加快了进步的速度，也节省了摸索的时间，对于公司发展来说益处多多。

其实，不仅公司的发展需要借鉴别人的成熟经验。在实际工作中，每个人都可以借鉴别人的经验，以便更高效、更顺利地完成自己的工作。

把时间用在借用别人的经验上，这并不是浪费自己的时间，也不是无能的表现，而是对自己确实有益的一种工作方法。别人的每一种经验，对我们来说都是极为宝贵的财富。只要能够巧妙运用，那么工作效率就会得到极大的提高，个人的能力也能很快得以提升。

在自我批评中持续完善自我

任正非

我们提倡自我批判，但不压制批判。为什么不提倡批判？因为批判是批别人的，多数人掌握不了轻重，容易伤人。自我批判是自己批自己，多数人会手下留情。即使用鸡毛掸子轻轻打一下，也比不打好。多打几年，你就百炼成钢了。

作家奥斯特洛夫斯基说过：“批评，是正常的血液循环，没有了它就难免会出现停滞或者是生病的现象。”可见，批评对每个人来说都非常重要。我们不仅要虚心接受别人的批评，更要主动进行自我批评。适当进行自我批评，可以让我们发现自己的不足，督促我们改正错误，以免在错误的道路上越走越远。

任正非曾说:“我们是为面子而走向失败，走向死亡，还是丢掉面子，丢掉错误，迎头赶上呢？要活下去，就只有超越，要超越，首先必须超越自我；超越的必要条件，是及时去除一切错误。去除一切错误，首先就要敢于自我批判。”

为什么要进行自我批评？因为进行自我批评能让人直面真实的自己，发现自己的不足之处并努力做出改进。想做到这一点，往往需要强大的内心，进而将它转化为高效的行动。

任正非对于自我批评有着深刻的认知，他很赞同自我批评这种良好的工作态度和工作方法。华为人也一直坚信，坚持自我批评才能更高效地工作。

在华为的发展历程中，也曾出现过错误。但是，华为人坚持进行自我批评，在不断改进的过程中，终于得到了长足的进步和发展。

每一位进入华为的新员工，都会接受自我批评的教育，在出现问题时，华为人会先从自己身上找问题，发现自己的不足，并积极地进行改进。一般来说，华为人会在工作中做好三件事。

1. 自我检查，及时解决发现的问题

华为人每天工作的时候，都会记录工作中发现的问题，并思考问题出现的原因和解决方案。每天上班之前，他们都会做一份工作计划表，减少浪费时间的现象；每天下班之前，他们会反省几分钟，检查一下还有什么问题没有解决。

2. 时常反思

华为人在日常工作中也会进行反思，他们一旦发现并解决问题，就会立刻反思问题。即便没有问题，他们也会时常反思，以免自己陷入自满的境地，失去提升自己的动力。

3. 检视自己的学习能力

对于华为人来说，学习能力是工作中非常重要的能力之一。华为员工已经习惯于时不时检视自己的学习能力，以确保自己能够及时接收新的知识，以免在激烈的竞争中掉队。

任正非一直鼓励员工进行自我批评，希望员工在自我批评中获得更大的进步。这是华为人的工作哲学，也是华为持续进步和发展的动力所在。

华为在走一条别人没有走过的路，所以需要不断摸索，在这个过程中，出现失误甚至错误都是在所难免的。只要敢于自我批评，积极地寻找问题背后的原因，并想方设法地解决问题，那么华为就能持续取得进步。

对于员工来说，自我批评是一个重新认识自己、提升自身能力的重要途径。身为职员，只有不断完善自己，才能始终在公司占有一席之地，才能在合适的工作岗位上最大化地展现自己的价值。

不要自我设限，每天进步一点点

任正非

我们公司的市场人员应该是集各类专家之大成的特殊专家。应该具备科学家的才智，哲学家的思维，演说家的雄辩，社会改革家的抱负，还有宗教家乐观进取、奋斗不息的精神。

在工作中，有些人常常犯一个错误：当一个目标无法实现之后，就认为自己肯定没有能力去实现更大的目标，于是原地踏步，不再尝试努力去实现既定的目标。

实际上，他们有足够的能力去做好工作，也有很大的机会去获得更大的成就。之所以无法获得成功，是因为他们总给自己设限。正是这种自我设限，使得很多有才华、有能力的员工一辈子默默无闻，在平凡的岗位上度过了自己的一生。

在华为公司，没有人会给自己设置一个较低的目标，而是会设置一个稍高一点的目标。因为他们知道，一旦把自己限定在较低的水平线上，那么就没有前进的动力，对待工作只会敷衍了事一般，完全失去了进步的可能。

对于员工，任正非通常有较高的要求，上进心是他比较看重的一点。他曾对员工说："在座的所有人都是这么年轻，还有的是时间，希望你们一定不要走急于求成的道路，急于求成你们最终一定会垮下来。当你们垮下来再去和你们同一个年龄的年轻人竞争的时候，你们已经丧失了竞争实力。你们想当将军的梦没有当成，只有当伙夫。当革命的伙夫也很光荣，但华为公司总不能要非常多的伙夫。"任正非不要求员工大踏步地前进，而是希望他们脚踏实地、一步一个脚印地向前努力，每天只要进步一点点，日积月累之后，他们能够获得的成绩就是非常惊人的。

华为公司在创立初期，不仅资金短缺，人才和技术同样是发展的难题。当时，国际巨头们几乎掌握着所有的先进技术，华为想要运用新技术，就必须花钱购买专利技术，但是钱袋子不富裕的华为，根本没有那么多资金。于是，任正非鼓励公司的技术人员自主研发。虽然外界对华为的行为并不看好，但是任正非看到了研发人员的进步，鼓励他们说："每天都在进步，这就是最大的成功。"

华为人坚持每天进步一点点，很快，他们就拥有了自主研发的产品和相应的专利技术。但是，华为人并没有因此放慢脚步，他们依然奉行"每天进步一点点"的工作准则，不断修正自己的工作方法。就这样，华为从小发展到大，从没有任何专利发展到专利数量名列前茅。

华为的每一次进步、每一次成功，都离不开所有华为人的努力。在外人看来，华为这30多年来取得了跨越式的发展，但对于华为人来说，这些进步和发展都是一点一滴积累起来的。

荀子《劝学篇》中说："不积跬步，无以至千里；不积小流，无以成江海。"在这个世界上，没有任何事情是一蹴而就的。华为的成功，也不是一天就实现的，而是在每一天、每一月、每一年的进步中逐渐积累的。

华为人始终相信一点：每个人都是独特的存在，都有进步的空间。只要坚持每天进步一点，离成功也就更近了一步。华为人就是拥有这样的耐心，保持自己的态度，当每一个点滴的进步都融汇在一起的时候，他们就迎来了质变的发展。

延伸阅读："在路上"应该是一种常态

在很多人眼里，华为这30多年的发展历程简直就如神话一般。在不经意间，华为就从一家默默无闻的小公司，发展成为世界500强企业之一。

以至于爱立信公司的一名经理都感慨道："我们都没注意到华为的发展过程，实际上，他们每天都在往前多赶一步，结果短短几年之内，华为人突然就以巨人的姿态站在了我们面前，这样的表现简直让人感到惶恐。"

在外人看来觉得惶恐的发展状态，其实是华为人持续奋斗、永不满足的精神写照。在华为逐步成长的过程中，华为人也曾遇到过种种困惑，如发展方向、产业布局等。但是，无论前途有多少未知，前路有多少迷茫，华为人永远秉持着永不满足的探索精神，以及从不妄自尊大的谦卑心态。

华为人始终坚信，市场在不断变化，华为也始终"在路上"。任何时候，华为人都不会满足于眼前的成绩，而是时刻保持紧迫感和积极性，不断向着新的目标前进。

永不满足现状，始终将“在路上”视作一种工作的常态，这是华为人对自己和客户负责的表现。华为人敢于担当，勇于突破，这让他们与同类企业相比拥有了更大的优势。华为能够取得今天这样的成绩，自然也就不足为奇了。

自我检查

1. 你会怎样看待工作中的各种变化？

2. 你认为自己是一个非常容易满足现状的人吗？

3. 遇到较强的对手时，你会默默地加倍努力吗？

第十二章

惶者生存：有危机感才能更好地生存

- 不要只想成功，也要思考失败
- 末位淘汰制：下岗危机随时可能出现
- 有些事，风险再大都要做
- 立下“军令状”，没有退路就不会逃避

不要只想成功，也要思考失败

任正非

我们从小公司发展到今天的较大公司，一直是摸着石头过河。但我不希望我们掉到河里去，也不希望我们摸错了方向，所以必须避免管理幼稚病。与华为的过去比，我们的进步是很大的，但如果我们沾沾自喜满足于今天的进步，就不会有明天的辉煌。

在我们身边，许多人不敢面对失败，他们总是想着成功之后会怎样，却从来没有为失败做出预案。以至于当失败真的来临时，他们变得手忙脚乱，不知所措。

做一项工作之前，先思考一下失败，这并不是不够自信，而是考虑细致、全面的表现。当一个人将所有可能出现的情况都做一番设想的时候，那么无论最终遇到什么情况，他都能从容应对，以最快的速度恢复到最佳的工作状态。

任正非在《华为的冬天》里说："十年来，我每天都在思考失败，对成功视而不见，也没有什么荣誉感、自豪感，而是危机感。”为何要思考失败？因为失败能让人更加清醒地认识自己。谁能从失败中吸取更多的教训、积累更多的经验，谁就能更快、更顺利地获得成功。

现在的很多员工，对失败充满了反感，总担心失败之后就失去了进一步展现自己的机会，所以他们从来不去思考失败之后的情况。实际上，这种想法是大错特错的。任何一项工作，失败的可能性都远远大于成功。如果仅仅因为害怕失败，便不敢去想象失败的场景，甚至是连开始都不愿意开始，那么对成功的渴望不过是空想罢了。毕竟，如果从心理上已经对失败产生了恐惧，就已经输了一半，只有勇敢面对可能失败的结果，并做好相应的准备，成功才有可能到来。

任正非是一个危机意识很强的人，他对员工的危机意识也有很高的要求。

“华为公司发展到目前的规模，面临的挑战只会更大。要么停滞不前，逐渐消沉，要么励精图治，更上一层楼，在世界一流企业之林占一席之地。正所谓不进则退，成功不是走向未来的可靠向导，我们需要将危机意识更广、更深地传播到每一个华为人身上。

“谁能把我们打败？不是别人，正是我们自己。如果我们不能适时地调整自己，不去努力提高管理素质、强化管理能力，不将艰苦奋斗的传统保持下去，我们就会把自己打败。古往今来，一时成功者众多，持久的赢家很少。失败的基因往往在成功时滋生，我们只有时刻保持危机感，在内部形成主动革新、适应未来的动力，才可能永立潮头。”

在任正非的引导和教诲下，华为人对失败有了更加深刻的认识。

1. 思考原因，吸取教训

在华为人看来，每一次失败，都是一笔宝贵的财富，都是为成功所做的积累。思考失败的原因，并从中吸取相应的教训，就是在为即将到来的成功奠定基础。

2. 学会反思，认清自己

华为人认为，失败是难以避免的。失败本身并不可怕，可怕的是明明失败了，却不知道失败的原因，也不知道自己究竟做错了什么。他们深知，只有端正态度，正确地看待自己，认真地进行反思，才能从失败逐渐走向成功。

无论是谁，对成功的渴望总是强过失败。但是，如果不懂得思考失败，无法以正确的心态去面对失败，那么无论做什么工作，都很难有好的效果。华为人时刻关注着可能来临的失败，恰恰是在提醒自己，要时刻保持警惕。危机意识让他们有了更清晰的头脑、更坚决的态度、更迅速的处理方式。

在工作中，许多员工总是在失败时表现得痛苦和沮丧，有些人甚至因为一次失败就一蹶不振，这样是无论如何都做不好工作的。你只有时刻保持危机感，为可能到来的失败做好相关的准备工作，才能以不变应万变，在职场上闯出一片属于自己的天地。

末位淘汰制：下岗危机随时可能出现

任正非

华为要继续坚持以有效增长、利润、现金流、提高人均效益为起点的考核，凡不能达到公司人均效益提升改进平均线以上的体系团队负责人和片区、产品线、部门、地区部、代表处等各级一把手，要进行问责。在超越平均线以上的部门，要对正利润、正现金流、战略目标的实现进行排序，坚决对高级管理干部进行末位淘汰。

一说起华为员工，很多人眼中总是泛起羡慕的目光，觉得华为的待遇好、福利好。从福利待遇方面来说，华为员工确实较好。但是，华为人需要承受的压力和付出的劳动，同样超出同行很多。

如果有人觉得苦点、累点没什么，只要能在华为公司上班，那就一切无忧了，那他可就错了。华为公司奉行的是末位淘汰制，这让每一名员工都有随时下岗的可能。

在华为，末位淘汰制就像一柄悬在众人头上的利剑，为了防止它落到自己头上，每个人都时刻保持警惕。这种危机感让华为人争相努力工作，以免被淘汰出局。

任正非曾说："我们提倡能上能下，在实践活动的大浪淘沙中，我们要把确有作为的同志放到岗位上来，不管他的资历深浅。我们要把有希望的干部转入培训，以便能担负起更大的责任。我们也坚定不移地淘汰不称职者。"

在华为，每个人都是能力突出的工作者，不符合职位要求的，只有接受被淘汰的结局。这看似残酷，却是保持公司活力、形成良性竞争的优秀策略。公司规定，绩效排行榜上位列最后5%的员工，都有可能受到公司的惩处，甚至是直接被淘汰。这个制度让华为员工倍感压力，原因有两个。

（1）5%是一个不小的数字，稍不小心就可能成为其中的一员，一旦被划入这个部分，就意味着危险来临。

（2）华为公司的员工都是精英中的精英，彼此之间的差距只在毫厘之间，只有时刻保持警惕，努力进取，才有可能不成为那5%中的一员。

在任正非看来，缺乏危机意识的员工是不合格的，因为看不到未来可能存在的危机，就很容易产生惰性，对于员工自己和公司来说，这都不是好事情。因此，任正非才想到了以末位淘汰制来增强员工的竞争意识和危机意识。这个制度的存在，有效保障了华为内部员工的战斗力，同时也形成了良性竞争的企业文化。毕竟华为公司的员工都是行业内的精英，如果不想被淘汰出局，就只能让自己变得更加强大。这种危机感的存在，能够激发员工的潜能，让他们始终保持专注和上进心。

末位淘汰制的存在，让华为员工几乎不敢在工作中有所懈怠，因为每个人都很明白，如果自己没有进步，那很快就会被别人超越，直至自己被淘汰。

在任何时代，优胜劣汰的法则都是存在的。那些能够生存下来的人，必定在某些方面占据优势。对于职场人士来说，要想不被淘汰，就只有不断进步，不断让自己变得更好。时刻保持危机意识，而不是有了一点成绩就沾沾自喜，这才是一个优秀员工应该具备的工作态度。

在现代职场中，员工需要时刻保持危机感，时刻提醒自己不要放松。那些安于现状的人，一定会被别人超越，最终落到末尾，成为被公司淘汰的对象。

有些事，风险再大都要做

任正非

信息潮的变幻莫测，快速的演变，使一批一批的大企业陷入困境，以至消亡；一批一批的小企业，成长为参天大树，大树又遭雷劈。不断地生，不断地亡，这是信息产业的特点。华为由于幼稚不幸进入了信息产业，后退就是死亡，被逼上了不归路，创业者及继承者都在销蚀健康，为企业生存与发展而顽强奋斗。

新东方教育科技集团董事长俞敏洪说过：“我发现成功人士都有一个特质，就是不安分。比如我父辈当中的很多成功者，都是随着改革开放放弃了原来的铁饭碗，只身闯荡江湖的。但这绝对不是什么‘懂得放弃’的精神，而是因为他们不安分，不满足于眼前安稳的现状——我就遗传了这样的不安分基因。”

许多和俞敏洪一样取得巨大成就的成功者，无不具有冒险精神。当他们对现状不满的时候，他们首先想到的就是改变现状。虽然不知道冒险的后果是什么，但是他们愿意尝试。用他们的话说，就是“有些事，风险再大都要做”。

他们具有冒险精神，但是这种冒险并不是盲目的。敢于冒险，是因为他们有着敏锐的洞察力，能在复杂的环境下洞察事物的本质和发展的趋势，再加上他们拥有的敢于决断的勇气，他们才能在冒险中收获自己想要的东西。

冒险和收获往往是相伴而来的，冒的风险越大，获得的利益也就越大。但是，任何冒险都不能鲁莽行事。任正非曾说：“通常风险的成因是对于形势的不明朗造成的。”也就是说，在做出冒险的决定之前，通常要确保形势是明朗的，这样更容易做出判断，做出最好的选择。

华为人强调敢于冒险，重点在于大胆尝试，无论成功与否，尝试过就是一种经历，尝试过就是一种成功。如果一个人什么都不敢尝试，那他只能停滞不前，注定无法取得大的成就。所以，华为员工常常被要求做到以下两点。

1. 克服恐惧情绪

通常来说，每个人都有恐惧情绪。这种情绪与生俱来，当我们面对未知的风险时，往往会出现恐惧情绪。

面对恐惧，华为人会做好以下两点。

（1）找到恐惧的根源。对未知的恐惧，究竟源于什么？是人？是事？还是物？找到恐惧的根源，才能有的放矢地解决问题。

（2）找到消除恐惧的方法。找到恐惧的根源之后，要根据不同的根源，选择不同的方法去消除恐惧。

2. 做些自己害怕的事

有恐惧心理的人，往往会尽量避开那些引发恐惧的根源，以为这样可以减少恐惧情绪。实际上，越是逃避，那些恐惧越会在内心深处扎根，长此以往，这种恐惧就很难消除了。所以当你因恐惧而不敢冒险时，试着去做一些自己害怕的事情，以挑战自己的心理。一旦你连害怕的事情都敢做时，冒险精神自然就来了。

日本著名企业家土光敏夫说过："如果风险小，很多人都会去追求这种机会，因此利益也不会大。如果风险大，很多人就会望而却步，所以能得到的利益也会大些。从这个意义上讲，有风险才有利益。可以说，利益就是对人们所承担风险的相应报偿。"是的，越是敢于冒险的人，往往越能得到大的收益。而且一旦抓住机会，成功就会随之而来。

华为人敢于冒险、甘于冒险，不是因为他们不怕冒险，而是因为回报值得他们去冒险。对于华为人来说，只要回报大于付出，那么无论这些事情有多大的风险，该做还是要做。

同样身为员工，我们应该学习华为人的这种精神，敢于冒险，在不断的尝试和折腾中，持续突破自我，寻找到更加高效、合适的工作方法。

立下“军令状”，没有退路就不会逃避

任正非

只要有强烈的主人翁意识并努力工作的人，华为给他们配股，将他们变成华为的主人。

每个人都有很多次做选择的机会，而且每一次选择，都会对一个人的工作和未来之路产生深远的影响。不同的选择，代表着不同的方向和不同的目标。在一次次的选择和尝试中，工作的性质、岗位、薪酬等，都可能随之不断变化。

如果一个人总是选择最容易走的那条路，做最容易做的工作，那么他的竞争力会越来越差，最终会成为被公司放弃的那个人。所以，无论做什么事情，都应该给自己施加一定的压力，不完成任务誓不罢休，这样你就会产生更多的动力。在这种高压环境下，你的能力会得到提升，工作会变得高效。

有些时候，工作中难免遇到一些很棘手的事情，似乎总也找不到好

的解决方案。对于大多数人来说，面对这类事情很可能早就放弃了，但是对华为人而言，任何工作都是可以完成的。不管使用什么样的方法，只要立下了“军令状”，就只有完成任务这一条路可走。

那么，华为人一般会怎么做呢？

1. 明确目标

华为人很少抱怨工作难以完成，也不会为没有完成工作找任何的借口。对于他们来说，“一定要完成工作”才是最简单、最直接的选择。一般情况下，华为人会做到以下三点。

（1）准备做某项工作之前，先给自己设定一个目标，然后将有限的时间全部投入这项最需要做的工作中，这样成功的可能性会更大。

（2）想要放纵自己时，分别想象一下按时完成工作和未能按时完成工作的情景，并将两者进行对比，进而继续保持动力和专注度。

（3）很难坚持实现目标时，找一个人来监督自己，自己有所懈怠时，让监督者提醒和督促自己，尽快投入工作之中。

2. 自我暗示

自我暗示有着巨大的魔力，会对我们的心理产生积极的影响。比较常见的暗示方法有三种。

（1）语言暗示：工作遇到困难时，和自己对话，说一些鼓励自己的话。

（2）动作暗示：借助动作来提升信心，如握拳、振臂、微笑等。

（3）图像暗示：在脑海中构建一幅画面，想象别人是如何克服困难的。

任正非曾对员工说:“在做事之前先给自己立一条‘生死状’。”做工作虽然到不了“生死”这么严重的程度，但是任正非的态度已经很明确，就是希望员工能逼自己去做一些难度大的工作，完成一些很难完成的任务。

任正非还说：“胜负无定数，敢搏成七分。”在接受一项工作时，无论最终能否成功，拼搏的精神都是必不可少的。敢于拼搏，才能从中发现成功的机会。

一般来说，立下“军令状”，就是断绝了后路，不给自己反悔的机会。敢这样做的人，并不是很多。但是华为人就敢，他们敢于封死退路，在绝境之中求得生存。

同样是职场人士，我们应该学习华为人的这种精神，把自己置于危机之中，时刻保持警醒，只有这样我们才能努力进取，在事业上取得大幅度的进步。

延伸阅读："互联网+"时代，危机无处不在

2013年，互联网大潮急速涌来。一些智能手机如雨后春笋一般，迅速出现在手机市场上。这其中，最出名的当属小米手机。虽然小米手机的出货量还不到华为的四分之一，但是净利润却是华为的三倍之多。

当时，很多人对华为的前景表示悲观，认为在互联网时代，华为手机将会走向没落。但是任正非不这么认为，在他看来，虽然互联网时代的竞争对手多了，各种危机也是无处不在，但是只要能坚持自己的道路，华为依然具有自己的优势。

对此，任正非强调："华为人应该审时度势，理清思路，千万不要把互联网当作华为的主体业务，而是要谨慎而适当地使用。"一些比较受年轻人欢迎的机型，可以通过网络渠道进行销售；而那些走高端路线的手机，则坚持通过传统渠道进行发售。任正非采取按照客户需求来划分营销渠道的这种销售方式，显然比单一的网络销售方式更加有效，业绩更好。

对于互联网对营销的影响，任正非说："如何抓住超宽带时代的战略机会点，抢占战略制高点？如果从长远来说，我们没有抓住战略机会

点，没有抢占到战略制高点。超宽带时代以后，还有什么带？我们不知道。”任正非认为，华为要做的不是跟着互联网一起“发烧”，而是要坚持以我为主，以客户的需求为导向，坚持为客户提供最优质的产品，这才是占据战略制高点的关键。

在互联网时代，确实有很多随时可能袭来的挑战，但是，华为公司的最大挑战并不是互联网营销手段的冲击，而是如何利用好互联网的优势，让华为有一个大跨步的发展。

自我检查

1．你喜欢通过互联网购物、交流吗？

2．互联网上的一些东西，是否加重了你的危机感？

3．在互联网时代，应该以客户需求为重还是以网络营销方式为重？

· 李桥林 ·

响法大师创始人，中国极具影响力的品牌策划专家，倡导有结果的策划，众多著名品牌的营销策划人，中国品牌策划理论的思想者。

2007年荣获“中国十大最具影响力品牌策划专家”称号，其策划案例入选《跟大师学营销》等书籍中。

服务过亨氏、中国移动、方太厨具、金六福、均瑶集团、思朗食品、八马茶业、红牛、长园集团、速腾快递等众多知名品牌，成就了6个中国驰名商标、20多家上市企业。

著有《logo：企业的第一张脸》《爆品营销》，深受广大读者的好评。

华为工作法：任正非的工作哲学

责任编辑：蒋丽华　　见习编辑：闫毓燕

装帧设计：尧丽设计　　策　划：刘景谷　朱雪强

微信公众号：阅读醉时光